Paride Bove

Amici nell'Amico

Paride Bove

Amici nell'Amico

Per una formazione permanente del presbitero

Edizioni Sant'Antonio

Imprint

Cover image: www.ingimage.com

Publisher:
Edizioni Accademiche Italiane
is a trademark of
International Book Market Service Ltd., member of OmniScriptum Publishing Group
17 Meldrum Street, Beau Bassin 71504, Mauritius

Printed at: see last page
ISBN: 978-613-8-39113-5

INTRODUZIONE

«Ti ricordo di ravvivare il dono di Dio che è in te per l'imposizione delle mie mani. Dio infatti non ci ha dato uno spirito di timidezza, ma di forza, di amore e di saggezza» (2Tm 1,6-7). L'esortazione dell'apostolo Paolo, indirizzata al giovane collaboratore Timoteo, ci spinge a riflettere su un tema particolarmente discusso negli ultimi decenni, ma di cui se ne avverte, ancora oggi, la grande urgenza: la formazione permanente. Tale formazione ha quale scopo prioritario quello di far memoria del proprio presbiterato, una memoria che spinge a ravvivare il dono ricevuto attraverso un cammino di costante conversione, trasformandosi in un *memoriale* in grado di rendere sempre attuale il dono ricevuto. Timoteo, per far fruttificare tale grazia, è chiamato a fare tesoro dello spirito di amore e saggezza; tale spirito, nel nostro lavoro, troverà una felice sintesi alla luce di una precisa forma relazionale: l'amicizia.

Il presbitero, «preso tra gli uomini, viene costituito per il bene degli uomini nelle cose che riguardano Dio» (Eb 5,1) e dunque è chiamato a far risplendere l'amore divino che continuamente si manifesta nell'oggi della storia. Considerato che,

> [il] prioritario compito pastorale della nuova evangelizzazione, che investe tutto il popolo di Dio e postula un nuovo ardore, nuovi metodi e una nuova espressione per l'annuncio e la testimonianza del Vangelo, esige dei sacerdoti radicalmente e integralmente immersi nel mistero di Cristo e capaci di realizzare un nuovo stile di vita pastorale[1]

abbiamo intravisto tra i vari stili possibili proprio l'amicizia, un'espressione decisamente universale, di cui molti uomini fanno esperienza. Infatti, a nostro avviso, la vera amicizia è il linguaggio più efficace per poter crescere e maturare personalmente e comunitariamente, per poter entrare nello spirito evangelico ed annunciare la salvezza in esso contenuto.

[1] PDV 18.

Per troppo tempo le proposte di formazione permanente dei presbiteri si sono basate su aspetti inerenti le varie dimensioni della formazione sacerdotale senza un'unità di insieme in grado di esprimersi nella quotidianità, e non solo in tempi e periodi definiti (come incontri del clero o ritiri spirituali). Partendo da questa base, e consapevoli della necessità di una profonda armonia nella struttura personale del presbitero[2], proponiamo in questo lavoro la possibilità di riconoscere nell'amicizia tra presbiteri un'eccellente occasione di formazione integrale.

Per fare ciò ci si richiamerà ad uno dei grandi maestri spirituali dell'inizio del secondo millennio, il beato Aelredo di Rievaulx: costui, in un contesto di grande cambiamento sociale e religioso, comprese la grandezza dell'amicizia quale realtà in grado di formare le persone, integrando la storia personale e la vita comunitaria. Facendo nel nostro lavoro costante riferimento al trattato *L'amicizia spirituale*, non possiamo prescindere dall'esperienza personale del suo autore: infatti, il nostro primo capitolo riguarderà la vicenda biografica di Aelredo e la struttura della sua opera.

Nel secondo capitolo ci inoltreremo in un discorso più teologico e tematico: le dimensioni dell'amicizia, il suo rapporto con l'amore e la presenza di Cristo quale vera forza della relazione amicale.

Infine, nel terzo ed ultimo capitolo, cercheremo di riflettere sul presbitero e come, concretamente, tale tipo di formazione nell'amicizia incide sulla sua vita.

Affidando tutti i presbiteri di Dio all'intercessione del beato Aelredo, chiediamo la grazia di conoscere la vera essenza dell'amicizia, per poter incontrare il volto dell'amico per eccellenza: Cristo Gesù.

---

[2] Così si esprimeva, nel 1969, la Congregazione per il Clero: «Occorre che questi tre aspetti della formazione sacerdotale - spirituale, intellettuale, pastorale - siano tra loro armonizzati in modo adatto e conveniente: è infatti assolutamente necessario che regni una giusta armonia tra i vari fini che ci si propone di raggiungere con la formazione permanente, fra la dottrina cioè teologica, la pratica pastorale e la vita spirituale, aspetti che devono essere in stretta connessione e mutua cooperazione. Il pericolo di eccedere nella formazione spirituale, almeno in questi tempi, sembra meno frequente e ormai passato. La vita spirituale deve essere considerata quasi il fondamento degli altri due aspetti, poiché l'attività pastorale è quasi il suo frutto e la scienza teologica può essere definita il suo criterio direttivo» (CONGREGAZIONE PER IL CLERO, *Inter Ea*, 4). Il testo qui presentato, pur non riconoscendo la necessità della dimensione umana, mette in risalto l'urgenza di una formazione equilibrata.

CAPITOLO I

Una vita per l'amicizia

Pensando ai primordi dell'ordine cistercense vengono alla mente uomini caratterizzati dalla grande austerità e dalle caratteristiche spiccatamente *disincarnate*. Tuttavia, tra di loro, emerge la figura di un monaco inglese che De Lubac non ha esitato ad eleggere quale «uno degli umanisti più delicati»[3] del suo secolo. La vita di questo monaco, caratterizzata da dolcezza gentile, radiosa affettuosità e grande capacità empatica, conosce un prezioso contributo nelle opere del suo discepolo Walter Daniel, nelle testimonianze di alcuni suoi contemporanei e, infine, nei suoi stessi scritti, dove emerge chiaramente la sua esperienza interiore[4]. Tuttavia, «per capire e apprezzare quanto Aelredo ha scritto [...], risulta decisiva, più che la sequenza degli eventi esterni, la conoscenza della sua storia personale»[5]. Infatti, addentrarci nella vicenda biografica del grande abate di Rievaulx risulta un passo obbligato per comprendere il vero significato del tema che andremo a trattare: non può essere di certo un caso che, se la prima opera di Aelredo è un'indagine sull'amore, l'ultima è proprio sull'amicizia[6].

> In tutte le sue opere si riconosce la sua anima affettiva. Egli cerca di muovere il sensibile per condurre ad amare ed imitare il Cristo. Il monaco, che porta in sé l'immagine di Dio, si sforza di renderla sempre più visibile in se stesso; il suo scopo è di giungere a una così profonda esperienza spirituale che sia il preludio del possesso definitivo di Dio nel cielo. Perciò le opere ascetiche di A., sebbene destinate ai monaci, possono servire a qualunque fedele, per aiu-

---

[3] H. DE LUBAC, *Esegesi medievale. I quattro sensi della Scrittura*, 497.

[4] Cfr. D. PEZZINI, «Vita e personalità» in AELREDO DI RIEVAULX, *L'amicizia spirituale*, 7-8.

[5] D. PEZZINI, «Vita e personalità», 8.

[6] Cfr. D. PEZZINI, «Vita e personalità», 15-16.

tarlo a coltivare in se stesso questa rassomiglianza con Dio e ad evitare gli ostacoli che si oppongono alla perfezione cristiana[7].

1. Aelredo di Rievaulx

1.1 Origini e giovinezza di Aelredo

La cristianità anglosassone, a partire dal secolo IX, fu testimone di una rivoluzione che mutò profondamente la vita politica e spirituale del Paese[8]. In seguito alla battaglia di Hastings[9] (1066) Guglielmo, duca di Normandia, divenne re introducendo una svolta epocale per il clero locale: infatti, attraverso una politica ecclesiastica di allineamento con Roma e in piena linea con la riforma gregoriana, oltre a favorire il monachesimo, riportò in auge il celibato per tutti coloro che accedevano all'ordine sacro. Questo coinvolse anche i preti sposati[10], molti dei quali furono costretti a scegliere se diventare monaci (abbandonando così la famiglia) per mantenere la cura pastorale[11]: è l'esempio di ciò che accadde a Durham in seguito alla decisione del vescovo William di St. Carilef che sostituì il capitolo dei canonici con una comunità monastica.

In questo contesto, nel 1110, tra i grandi sconvolgimenti del passaggio dalla Chiesa anglosassone a quella normanna, nacque Aelredo[12] ad Hexham, una piccola cittadina del Northumberland, dove si trasferì suo padre Eliaf – uno dei canonici della cattedrale di Durham – in seguito alla decisione del suo vescovo[13]. Sembrerebbe che anche il nonno e il bisnonno di Aelredo fossero dei preti e canonici della cattedrale: il sacerdozio, dunque,

[7] M. CALABRESE, «Aelredo», in BS, 278.

[8] Cfr. H. JEDIN, *Storia della Chiesa. Il primo medioevo*, IV, 290-297.

[9] La città di Hastings, contea dell'East Sussex nell'Inghilterra sudorientale, fu lo scenario nel quale si svolse la battaglia, tra anglosassoni e normanni, per la conquista e il controllo delle terre inglesi. Lo scontro si concluse con la vittoria dei secondi dando inizio alla dinastia normanna.

[10] Nonostante le attenzioni del primate di Canterbury, Lanfranco di Pavia – già abate dell'abbazia di Bec in Francia –, che con il sinodo di Winchester cercò di garantire a questi ministri l'esercizio del ministero e degli incarichi assunti, pur nella loro condizione matrimoniale

[11] C'è da considerare che, già precedentemente, i preti sposati non potevano avere responsabilità maggiori che la cura pastorale di una chiesa. Tuttavia, con le nuove misure, anche quel prestigio calò drasticamente.

[12] Il nome Aelredo, secondo il biografo Walter Daniel, corrisponde perfettamente alle virtù del nostro autore, infatti: «questo grande consigliere portava un nome la cui etimologia gli conveniva a meraviglia, poiché Aelred, che è una parola inglese, ricalca ed esprime il latino *totum consilium* ("intero consiglio") ovvero *omne consilio* ("ogni consiglio")». WALTER DANIEL, *Vita di Aelredo di Rievaulx*, III,19.

[13] Cfr. D. PEZZINI, «Vita e personalità», 8-11.

si sarebbe trasmesso nella loro famiglia in maniera ereditaria, insieme ai beni terrieri[14]. Risulta plausibile sostenere che il nonno di Aelredo fosse un insegnante: questo grazie al soprannome con cui veniva chiamato, *Larwa*, un termine sassone indicante il suddetto mestiere; forse anche il padre ricopriva questa mansione, mentre lo zio aveva grande fama di esperto in Sacra Scrittura. Pare del tutto naturale che il giovane Aelredo abbia ricevuto la sua istruzione direttamente in famiglia per poi continuarla nelle scuole di Durham, come ricorda lui stesso nel trattato *L'amicizia spirituale*. Grazie al buon nome della sua famiglia, accompagnato dagli eccellenti rapporti con l'aristocrazia della Northumbria, Aelredo venne inviato a continuare la sua formazione presso la corte del re Davide I di Scozia[15] per una duplice finalità: una formazione all'altezza del proprio stato sociale e la creazione di legami amicali con persone che, in un sistema feudale governato da pochi, potevano offrire garanzie e sicurezze. Aveva quattordici anni quando fu inviato a corte ed è proprio lì che affinò sempre più la propria amicizia con i figli del re: Simone e Waldef, ma soprattutto Enrico[16]. È più che lecito supporre che, in questi anni di formazione anche intellettuale, il giovane Aelredo abbia potuto leggere ed approfondire il *De amicitia* di Cicerone, un testo certamente indispensabile per la comprensione del tema qui trattato. Con molta probabilità, a partire dal 1132, Aelredo ricoprì quei ruoli di economo e dispensiere a cui si rifà, divenuto monaco e abate, per sostenere la sua incapacità a scrivere, ma che furono utili per sostenere l'incarico di responsabilità dell'Abbazia[17]. Molto probabilmente in questa mansione Ael-

---

[14] Era molto diffuso, al tempo di Aelredo, il sistema delle chiese propric, c cioè una stretta connessione dell'altare con il terreno su cui si trovava. Poiché quest'ultimo apparteneva ad un privato, egli poteva disporre di numerosi benefici legati alla presenza delle chiese sul suo territorio. La chiesa propria, essendo una realtà profondamente legata al padrone, poteva essere venduta o data in prestito o considerata nella donazione ereditaria. Grazie alle riforme di Carlo Magno, tali realtà vennero tutelate dagli abusi dei rispettivi padroni e sempre più passarono sotto la responsabilità del vescovo. Cfr. H. JEDIN, *Storia della Chiesa*, 336-342. Per quanto riguarda il nostro discorso, probabilmente, la famiglia di Aelredo godeva di alcuni territori tra cui la chiesetta di Hexham. Cfr. D. PEZZINI, «Vita e personalità», 9.

[15] Walter Daniel descrive Davide I quale un *secondo Davide*, degno di venerazione, ricco di virtù e saggezza: un modello per lo stesso Aelredo. Cfr. WALTER DANIEL, *Vita*, II, 9.

[16] Cfr. M. CALABRESE, «Aelredo», 276.

[17] «Hai mostrato i motivi della tua impossibilità, dicendo di non essere erudito nelle lettere, anzi di essere quasi un ignorante, perché sei giunto all'eremo non dalle scuole, ma dalle cucine, dove, vivendo da contadino e villano fra le rupi e i monti, hai sudato con la scure e il martello per procurarti il pane quotidiano, dove s'impara più a star zitto che a parlare, dove, rivestendo l'abito dei poveri pescatori, non è concesso indossare il coturno degli oratori. Ricevo con molto piacere le tue scuse, perché sento che esse, lun-

redo mise in pratica il proprio tratto delicato, attento al benessere degli altri, una nota che lo caratterizzò sin da giovanissimo[18] e che, già presso la corte, riusciva a convertire i cuori[19]. Ebbe un notevole successo, tant'è che sembrerebbe, come afferma il biografo Walter Daniel, che il re pensasse a lui per un incarico decisamente importante, forse l'episcopato di St. Andrews, sede primaziale[20]. Tuttavia, nell'interiorità del giovane regnava una grande angoscia che lo stava portando sull'orlo della disperazione, con tanto di pensieri suicidi. Sembrerebbe che, all'origine di tale stato d'animo, ci fosse un forte legame d'amicizia che gli procurava atroci sofferenze. Stando alle confidenze della sua vita più intima, Aelredo sembrava avere una certa difficoltà nel governare la propria sessualità per via delle tensioni scaturite dalla sua esuberante affettività. Una inquietudine irrisolta, dove entusiasmo e paura, felicità e depressione sembravano alternarsi, portando così il cuore del giovane ad una grande agitazione. Fu un aspetto così delicato della sua vita che lo stesso biografo Walter Daniel sembra voler sorvolare[21], ma non è possibile non prendere in considerazione il fatto che l'integrazione tra la sessualità e l'affettività di Aelredo rimase a lungo un problema molto serio[22]. In ogni caso, pur ammettendo questa difficoltà nel-

---

gi dallo spegnerla, accrescono la scintilla del mio desiderio, in quanto mi risulta più dolce apprendere che ciò che tu puoi esprimere l'hai imparato non da un qualsiasi maestro di scuola, ma alla scuola dello Spirito Santo, sì da possedere il tesoro in un vaso di terracotta, "sì che ciò che vi è di più sublime in esso discende dalla sapienza di Dio e non da" te. E quant'è gioioso che quasi per un preannuncio del futuro tu sia stato trasferito dalla cucina all'eremo; in cui a tempo debito ti è stata affidata la distribuzione dei cibi carnali nella casa del re, perché poi a suo tempo nella casa del nostro Re arrivassi a paragonare fra loro i cibi spirituali e potessi soddisfare gli affamati col cibo della parola di Dio». SAN BERNARDO, *Lettera 523. All'abate Aelredo*, 703.

[18] Cfr. D. PEZZINI, «Vita e personalità», 11-14.

[19] Come nel caso del cavaliere perfido. Cfr. WALTER DANIEL, *Vita*, III, 15-21.

[20] Cfr. WALTER DANIEL, *Vita*, II, 11. Tra l'altro, sembrerebbe che Aelredo, ormai già abate, fu sollecitato più volte ad accettare l'episcopato, ma costantemente rifiutò in quanto amante della vita monastica. Cfr. M. CALABRESE, «Aelredo», 277; Cfr. D. PEZZINI, «Vita e personalità», 14.

[21] Walter Daniel dichiara di voler fare il possibile per poter affermare la verità ma, nell'annunciare questo intento, chiede l'aiuto della preghiera affinché non prevalga l'opinione di molti. Cfr. WALTER DANIEL, *Vita*, I, 5. A riguardo della sua premura affinché emergesse soltanto la verità: cfr. *Ibid.*, XL, 113. Nel sottolineare questa intenzione non credo si possa accusare il biografo di aver volutamente nascosto alcune realtà della personalità di Aelredo ma, semplicemente, di aver riportato ciò di cui poteva dirsi assolutamente certo.

[22] Sulla questione sono state avanzate numerose ipotesi circa una presunta omosessualità del nostro autore ma, in queste posizioni, sono da rilevare delle forzature nella lettura dei suoi testi. Infatti, pur emergendo una grande intensità nelle amicizie maschili, un certo favoritismo nei confronti dei giovani monaci di bell'aspetto e l'esaltazione del-

la giovinezza di Aelredo, non si può trascurare il fatto che questi abbia mostrato grande maturità affettiva nei rapporti di amicizia, soprattutto dal periodo del suo ingresso in monastero.

1.2 **La vita monastica**

Grazie ad un amico di Aelredo[23], questi venne a contatto con una piccola comunità di monaci cistercensi[24] che, in poche capanne, si era insediata presso la valle del fiume Rie. I Cistercensi giunsero in Inghilterra nel 1128 e dopo alcune piccole collocazioni trovano in Rievaulx[25] un centro in cui poterono essere sempre più conosciuti e stimati. Questa abbazia, fondata nel 1132 dal nobile Walter Espec di Helmsey, rientrò nelle stime di Bernardo di Clairvaux che vi mandò, quale primo abate, il suo segretario Guglielmo insieme ad alcuni monaci provenienti proprio dallo Yorkshire, di cui Rievaulx era parte. Aelredo li incontrò agli albori della fondazione rimanendo profondamente colpito da quello che Walter Daniel definì un *secondo paradiso* per via della natura gloriosa che ne faceva da sfondo[26]. Rigida povertà, radicalità nella disciplina ma anche l'assoluta fraternità diedero al nostro autore la sensazione che quel luogo così estremo fosse un «luogo celeste popolato di angeli»[27], in cui il valore dell'amicizia risultava particolarmente esaltato. L'incontro scosse a tal punto Aelredo che in soli due giorni, in un combattimento interiore con la paura, decise di non fare ritorno a corte per rimanere presso i monaci e dare espressione a quel desiderio che da tempo ormai abitava il suo cuore[28], vissuto con incredibile intensità: infatti «i quattro giorni passati nella foresteria furono per lui come

---

le potenzialità e gioie di un'amicizia maschile, l'abate di Rievaulx si mostra decisamente severo nel giudicare il coinvolgimento sessuale tra persone dello stesso sesso, come emerge in alcuni passaggi dello *Specchio*. Cfr. AELREDO DI RIEVAULX, *Lo specchio della carità*, III,64.67. Inoltre Walter Daniel, rievocando la sobrietà di Aelredo nel vestire a corte, sottolinea quanto il futuro abate fosse attento a non voler dare l'impressione di superbia ed effeminatezza. Cfr. WALTER DANIEL, *Vita*, II, 13.

[23] Probabilmente si tratta di Waldef. Cfr. WALTER DANIEL, *Vita*, nota 68, 24.

[24] Riforma nata dal cuore del monachesimo benedettino ad opera di Roberto di Molesme. La caratteristica della nuova fondazione era certamente quella di un amore per la vita contemplativa e per una povertà più rigida. Esponente di spicco, che può essere considerato il fautore del successo dell'Ordine, è senz'altro Bernardo di Clairvaux. Cfr. H. JEDIN, *Storia della Chiesa*, 591-592. Il testo confrontato e qui citato, nonostante la sua autorità, discorda con le date evidenziate ponendo errori di almeno un secolo.

[25] «Riguardo alla denominazione del luogo ove è insediato il monastero, la formarono a partire da due elementi, ossia dal nome del torrente stesso e dalla parola "valle": di qui il nome Rievaulx». WALTER DANIEL, *Vita*, V, 31.

[26] Cfr. WALTER DANIEL, *Vita*, V, 31.

[27] WALTER DANIEL, *Vita*, VI, 33.

[28] Cfr. WALTER DANIEL, *Vita*, IV, 21-25.

mille anni, tanto grande era il suo desiderio di entrare nella cella dei novizi»[29].

Circa i primi anni di Aelredo a Rievaulx non sappiamo molto, se non che furono caratterizzati da una stretta fedeltà alla vita monastica[30] e da un particolare fervore che andava da un'attenzione appassionata allo studio della Scrittura ad una mortificazione corporale oggi certamente eccessiva[31]. Durante il viaggio verso Roma nel 1141, quando Aelredo, facendo parte della delegazione del consiglio dell'abate Guglielmo, dovette trattare presso il Papa la questione del nuovo arcivescovo di York, incontrò Bernardo che gli *ordinò* di scrivere lo *Specchio della carità*[32]. Tornato in monastero, fu nominato maestro dei novizi e nel 1143 venne inviato presso S. Lorenzo di Revesby[33] quale abate della nuova fondazione. Di questo periodo siamo a conoscenza delle profonde conversazioni con il confratello Simone, morto nel 1142 in concetto di santità. Al dire di Aelredo, l'esempio di questo fratello giovò molto alla sua crescita umana e spirituale[34] tanto da divenire un riferimento importante anche per il trattato dell'*Amicizia Spirituale*[35]. Passati soli quattro anni fu chiamato ad esercitare il ruolo di abate a Rievaulx per succedere a Maurizio, diventando così il terzo abate della storica abbazia. Rimarrà in questo monastero, così amato dalla giovinezza, fino alla sua morte avvenuta il 12 gennaio del 1167[36].

Ora, nonostante le limitate informazioni alle quali possiamo pervenire circa la storia personale di Aelredo, ciò che a noi interessa ci è ampiamente fornito da lui stesso nei suoi scritti. È lì che è rivelato il cuore di questo forte e dolce abate, ed è lì che possiamo scoprire la pedagogia di un maestro

---

[29] WALTER DANIEL, *Vita*, VII, 37.

[30] Walter Daniel descrive la devozione, lo stile della meditazione, della preghiera sincera e della condotta irreprensibile quali capisaldi caratteristici della vita monastica. Cfr. WALTER DANIEL, *Vita*, IX, 43.

[31] Cfr. WALTER DANIEL, *Vita*, XVI, 59; XVIII, 61-65; Cfr. D. PEZZINI, «Vita e personalità», 21.

[32] Cfr. SAN BERNARDO, *Lettera 523. All'abate Aelredo*, 701-703. Secondo il giudizio di Walter Daniel: «la sua opera più pregevole [...], in quanto l'opera contiene l'immagine dell'amore di Dio e del prossimo come uno trova riflessa la propria immagine in uno specchio». WALTER DANIEL, *Vita*, XVII, 61.

[33] Nello Lincolnshire, contea delle Midlands Orientali.

[34] Cfr. AELREDO DI RIEVAULX, *Lo specchio*, I,108-111.

[35] È possibile riscontrare nel testo dei tratti inerenti l'amico che richiamano quelli elogiati da Aelredo in Simone: dolcezza nel parlare, compostezza, ilarità del volto. Caratteristiche care ad Aelredo e particolarmente apprezzate nei suoi confratelli, come ad esempio in Ivo di Wardon. Cfr. AELREDO DI RIEVAULX, *L'amicizia spirituale*, 174, nota 43.

[36] Cfr. D. PEZZINI, «Vita e personalità», 20-21.

dello spirito e di umanità, avvalendoci della «biblioteca del suo cuore»[37]. Ovviamente rimane una fonte preziosa anche la *Vita* dello stesso Daniel ma, secondo Pezzini, «la sua dichiarata ammirazione per Aelredo potrebbe lasciare qualche sospetto di enfasi agiografica non controllata e tale da rendere meno affidabili le sue affermazioni»[38], anche se il ritratto trova riscontri interessanti presso alcune testimonianze a lui contemporanee: è il caso dell'abate Jocelin di Furness, che ne metteva in evidenza la grande mitezza e compassione; oppure dell'abate Gilberto di Hoyland che, nell'elogio pronunciato per la morte di Aelredo, lo definì come una persona profondamente tranquilla, serena e dotata di grande autocontrollo, nonché di una capacità, incredibilmente sopra la norma, di raggiungere con le sue argomentazioni l'animo dei suoi interlocutori conducendoli ad una *sorta di ebbrezza*[39]. È per questo che, conoscendone i turbamenti passati, possiamo affermare che «una delle cose in cui Aelredo si rivela maestro è proprio nella soluzione dei conflitti, suoi e degli altri: la sua è una spiritualità di riconciliazione»[40], una riconciliazione riguardante la sua persona ma anche quella riguardante i conflitti pubblici che, soprattutto nei monasteri, avevano luogo[41].

Nel periodo in cui Aelredo fu abate, Rievaulx conobbe una grandissima espansione potendo contare su ben 140 monaci e circa 500 fratelli laici. Questo successo del monastero si doveva certamente al carattere fortemente accogliente che segnava la comunità: chiunque, infatti, cercasse misericordia e compassione poteva trovare la consolazione di una porta pronta a spalancarsi[42]. L'espansione non doveva essere facile da gestire per Aelredo che, oltre alle questioni inerenti la propria comunità, doveva far visita alle abbazie figlie (Wardon, Melrose, Revesby e Dundrennan), senza contare la partecipazione annuale al capitolo generale di Cîteaux[43]. Tra l'altro, oltre a queste visite, dovute al fatto che l'abate di Rievaulx aveva un ruolo di guida sugli abati cistercensi dell'Inghilterra, Aelredo possedeva una grande

---

[37] WALTER DANIEL, *Vita*, XXXII, 93-94; Cfr. D. PEZZINI, «Vita e personalità», 21-22.

[38] D. PEZZINI, «Vita e personalità», 22.

[39] Cfr. D. PEZZINI, «Vita e personalità», 22-23.

[40] D. PEZZINI, «Vita e personalità», 23.

[41] «Nel 1147 lo troviamo a Durham per risolvere una disputa riguardante il priore di quella comunità, nel 1154-1155 sistema il contenzioso tra le abbazie di Furness e Savigny per il controllo dell'abbazia di Byland, nel 1159 compone una disputa tra York e Durham, a Westminster nel 1163 è testimone di un accordo tra Roberto II, vescovo di Lincoln, e Roberto, abate di St. Albans, a Kirkstead nel 1164 sigla un accordo tra cistercensi e gilbertini». D. PEZZINI, «Vita e personalità», 23.

[42] Cfr. WALTER DANIEL, *Vita*, XXX, 88-89.

[43] Cfr. D. PEZZINI, «Vita e personalità», 25.

autorità e influenza anche sulla vita civile del paese (forse fu lui a favorire l'unione tra Enrico II e Luigi VII di Francia per l'incontro con papa Alessandro III) e una capacità evangelizzatrice notevole, come testimoniato dalla missione presso i Pitti del Galloway[44]. Probabilmente è per questo che il nostro autore descrive il proprio monastero come un vero e proprio paradiso, luogo del riposo sabbatico, nonostante anche *in loco* dovette far fronte a non poche sofferenze[45] causategli dagli stessi fratelli, quei fratelli che lui profondamente amava[46].

1.3. **Gli ultimi anni**

Considerando quanto sino ad ora affermato, emerge in Aelredo una personalità incredibilmente capace di conciliare poli così distanti da suscitare quantomeno il desidero di approfondire la sua spiritualità. Tra questi troviamo la mitezza con cui affrontava gli impegni del suo ruolo e la grande sopportazione dei mali fisici che per lungo tempo lo accompagnarono. A ragione si può affermare che questa capacità di mettere insieme elementi così distanti è da considerare un vero e proprio mistero che supera la nostra limitatezza e pazienza. Una terribile artrite, così forte che in certi momenti doveva essere trasportato attraverso una coperta, non lo limitò nella cura pastorale. Si stabilì vicino all'infermeria facendo in modo di poter ricevere e sostenere comunque i suoi monaci, nonostante quella terribile tosse secca che, nell'ultimo anno della sua vita, lo riduceva sempre più spesso all'incapacità di muoversi o parlare[47]. Il momento della sua dipartita fu preceduto da una lunga agonia, cominciata alla vigilia di Natale dell'anno 1166. Le sue ultime parole ai monaci meritano di essere riportate:

> chiamo Dio a testimone nella mia anima, come vedete: da quando ho vestito l'abito monastico, mai, a causa della malizia di chicchessia, di una denigrazione o di una contestazione, mi sono lasciato consumare, contro di lui, dal fuoco di una qualsiasi animosità che sia riuscita ad abitare nel mio cuore dopo la fine di quel giorno. Infatti, amando da sempre la pace e il bene dei fratelli, così come il riposo della mia anima, ho imposto al mio spirito, per grazia di Cristo, che i moti di intemperanza venuti a turbare il mio cuore non durassero oltre il tramonto del sole [...]. Dio, che conosce ogni cosa, sa bene che vi amo tutti

---

[44] Cfr. WALTER DANIEL, *Vita*, XXXVIII, 106-107. Cfr. M. CALABRESE, «Aelredo», 276-277.

[45] Cfr. D. PEZZINI, «Vita e personalità», 20-25.

[46] Walter Daniel riporta episodi e situazioni spiacevoli che fecero soffrire Aelredo, ad esempio quello in cui fu insultato pubblicamente da un abate di una filiazione di Rievaulx che, tuttavia, comportò una delle forse rare volte in cui Aelredo reagì, profetizzandogli la fine imminente. Cfr. WALTER DANIEL, *Vita*, XXXVII, 103.

[47] Cfr. WALTER DANIEL, *Vita*, XXXI, 89-93; XLVIII 127-129.

come me stesso e che, quanto puramente una madre [ama] i suoi figli, così vi amo tutti nel cuore di Gesù Cristo[48].

Dopo queste parole Aelredo mostrò ai suoi monaci alcuni oggetti a lui cari e che ne caratterizzarono la spiritualità: il *Salterio* glossato; le *Confessioni* di Agostino d'Ippona; il *Vangelo di Giovanni*; una piccola croce appartenuta all'arcivescovo cistercense di York, Henry Murdac; alcune reliquie di santi a lui particolarmente cari[49]. Walter Daniel scrisse che le sue ultime parole, come in colloquio con gli angeli, erano ininterrottamente le stesse: «*Festinate, for Crist luve*» e cioè «affrettatevi, per amore di Cristo»[50]. Anche se non poteva più parlare, non mancò di edificare i suoi monaci con il semplice suo volto, come quando gli si lesse la passione di Cristo in cui mostrò la sua profonda partecipazione emotiva (uno degli aspetti che aveva fatto di Aelredo un grande maestro di quella meditazione affettiva che verrà poi riscoperta nel XVI secolo). Dinanzi ad un crocifisso trovò la forza di esprimere un'ultima preghiera, capace di conformarlo ancor più al suo Salvatore: «Signore mio e Dio mio, mio salvatore e mio rifugio, mia gloria e mia speranza per l'eternità: alle tue mani affido il mio spirito»[51].

Ricevette l'unzione alla presenza di Ruggero, abate di Byland, di Riccardo, abate di Fountains, e dei suoi fratelli monaci, lasciando questo mondo all'età di cinquantasette anni, il 12 gennaio 1167[52]. Le sue spoglie vennero collocate nella sala capitolare, vicino a Guglielmo, l'abate che lo accolse in monastero a Rievaulx[53]; prima della tumulazione, Walter Daniel fece un gesto che esprimeva la grandezza di questo amabile abate: ne unse il pollice, l'indice e il dito medio della mano destra in quanto «con quelle dita aveva scritto molte cose su Dio»[54].

Il nome di Aelredo compare tra i beati della Chiesa Cattolica: sembra che la beatificazione fu ad opera del papa Celestino III nel 1191 senza essere stato poi canonizzato ufficialmente[55]. Tuttavia, nel 1476, il capitolo ge-

---

48 WALTER DANIEL, *Vita*, L, 134-135.

49 Cfr. WALTER DANIEL, *Vita*, LI, 135.

50 WALTER DANIEL, *Vita*, LIV, 139.

51 WALTER DANIEL, *Vita*, LVII, 145.

52 Cfr. WALTER DANIEL, *Vita*, LVII, 143-145.

53 Cfr. WALTER DANIEL, *Vita*, LX, 151.

54 WALTER DANIEL, *Vita*, LIX, 147. Le parole con il quale Walter Daniel descrive la preparazione del defunto abate sono ricche di simboli e venerazione (come, ad esempio, il riferimento all'acqua utilizzata per lavare il corpo di Aelredo che risultò più limpida di prima). Cfr. *Ibid.*

55 La BS afferma che «il suo culto iniziò subito dopo la morte. Fu canonizzato probabilmente da Celestino III nel 1191. Il Capitolo generale Cistercense del 1250 lo iscrisse tra i santi dell'Ordine al 12 genn.». M. CALABRESE, «Aelredo», 277. Tuttavia non siamo in possesso di un atto di canonizzazione del nostro autore.

nerale dell'ordine cistercense ne autorizzò il culto e la celebrazione della festa, anche in virtù dell'antica e ininterrotta devozione.

L'ufficio monastico nel giorno della morte, il 12 gennaio, ne celebra la memoria[56].

1.4 **L'attività letteraria**

Aelredo, grazie ai suoi sermoni e alle sue opere ascetiche, è considerato uno dei principali esponenti della spiritualità cistercense (insieme a Bernardo, Guglielmo di St. Thierry e Guerrico di Igny). Tra i suoi scritti sono da prendere in grande considerazione anzitutto lo *Specchio della carità* (composto tra il 1142 e il 1143), la *Genealogia dei re d'Inghilterra* (venne alla luce tra il 1152 e il 1153), *Gesù dodicenne* (composto nello stesso arco di tempo della *Genealogia*), i *Sermoni su Isaia* (risalenti tra il 1164 e il 1167) e il nostro dialogo sull'*Amicizia spirituale*, anch'esso composto nel periodo che va dal 1164 al 1167. Scrisse anche opere di carattere agiografico: *Santi della Chiesa di Hexam*, *Vita di san Niniano*, *Vita di sant'Edoardo il Confessore* e la *Leggenda della monaca di Watton* che risultano, tuttavia, dei lavori minori. Inoltre, pensando alla sorella, compose un direttorio di vita spirituale intitolato *Regola delle recluse*. L'ultima sua opera, rimasta incompiuta, è il trattato *Sull'anima* che, forse, sarebbe stato da intendersi quale introduzione allo *Specchio della carità*. Oltre a quest'attività letteraria si aggiungono i *Sermoni* e le circa 300 *Lettere* (andate purtroppo perdute), che, a dire di Walter Daniel, erano indirizzate a persone illustri nel regno, a conferma della grande notorietà che circondava l'abate di Rievaulx e il suo coinvolgimento anche negli ambiti secolari.

2. **Il trattato *L'amicizia Spirituale***

2.1 **Contestualizzazione del trattato**

L'Amicizia spirituale di Aelredo di Rievaulx è senz'altro l'opera più nota del famoso abate inglese. Molto probabilmente la sua composizione ha conosciuto diversi momenti: infatti, già dopo una prima lettura si rimane colpiti dal fatto che, se si conoscono i suoi interlocutori e alcuni riferimenti presenti nelle discussioni, vengono richiamati luoghi e contesti diversi, al punto da poter affermare che sia stato scritto nell'arco di ben venti anni. Alcune ripetizioni, o meglio, *riprese con alcuni cambiamenti*, spingono a pensare anche ad un certo mutamento nel pensiero dell'abate, pur presen-

[56] Cfr. D. PEZZINI, «Vita e personalità», 27-29.

tando una sostanziale unità[57]. In questo modo lo scritto si presenta come una vera e propria esperienza fatta in prima persona con tutte le dinamiche che possono entrare in gioco nel processo di maturità o immaturità dell'uomo. Nel nostro caso il processo è stato, senza alcun dubbio, quello di una sempre maggiore conformazione a Cristo.

2.2 **Lo stile di Aelredo**

Aelredo utilizza, quale artificio letterario, il dialogo. È possibile immaginare che non sia del tutto frutto della sua fantasia, ma anche ricordo delle discussioni personali avute con alcuni monaci accolti nella sua amicizia. Il genere letterario del dialogo ha radici antiche e non a caso caratterizza il *De amicitia* di Cicerone, uno dei riferimenti di Aelredo. La finalità di questa struttura narrativa è da inquadrare, almeno nel pensiero che ne ha strutturato i grandi classici greci e latini, nella ricerca della verità, senza voler entrare in questioni scientifiche o dogmatiche. Fra i diversi stili di dialoghi, quello utilizzato da Aelredo prevede lo scambio di battute e di espressioni in prima persona tra i personaggi presenti nel testo, senza la mediazione di un narratore[58], in una cornice narrativa definibile *drammatica*[59]. L'autore principale al quale possiamo legare questo genere letterario è senz'altro Platone che proprio attraverso i dialoghi iniziò ad affermarsi, tant'è che anche autori successivi (quali Aristotele e Cicerone) ne seguirono l'esempio. Tale stile permette una divulgazione maggiore in quanto non prettamente scolastico, infatti Platone pensò a tale struttura per poter raggiungere un pubblico maggiore ma, oltre a questo aspetto di ordine piuttosto propagandistico, è da mettere in rilievo una certa predilezione per la dimensione orale con il susseguirsi di argomentazioni emergenti dai quesiti posti dagli interlocutori. In questo, il genere letterario qui preso in considerazione, anche nel suo aspetto formale, risulta essere di una intensa personalizzazione; infatti, dai dialoghi emergono le caratteristiche dei protagonisti: la personalità, pregi e difetti, interessi e molto altro[60].

Se questo era evidente in Platone, nondimeno in Aelredo, in cui la sua bontà e sapienza incontrano le caratteristiche notevolmente variegate di Ivo, Walter e Graziano. Tutto questo conferma il nostro autore tra i precur-

---

[57] Cfr. D. PEZZINI, «L'amicizia spirituale» in AELREDO DI RIEVAULX, *L'amicizia spirituale*, 37-38.

[58] Cfr. A. R. GUERRIERO – N. PALMIERI, *Letteratura e linguaggi. Scenari.1A. Dalle Origini al Quattrocento*, 835.

[59] Cfr. A. R. GUERRIERO – N. PALMIERI, *Letteratura e linguaggi. Scenari.1B. Il '500*, 352.

[60] Cfr. G. GUIDORIZZI, *Il mondo letterario greco. Storia, civiltà, testi. L'Età classica*, vol. 1, 880-882.

sori di quell'umanesimo che rivaluterà tale stile: infatti, in un periodo in cui la trattatistica prendeva il sopravvento, Aelredo predilige la forma che più si avvicina alla sua sensibilità, quella forma capace di «trasmettere un'immagine dei luoghi, dei modi e dei protagonisti dell'elaborazione culturale che ne immortalasse la vitalità, la passione partecipe, la consapevole piacevolezza»[61].

2.3 **Struttura del trattato**

Una breve presentazione della struttura del libro può aiutare a comprenderne anche la natura.

2.3.1 Il Prologo

L'importanza che il *Prologo* ricopre in un'opera letteraria è notevole, così anche nel trattato da noi preso in considerazione: qui Aelredo sembra riuscire a condensare gli elementi necessari per poter aiutare il lettore a comprendere nel migliore dei modi, già nelle sue prime righe, quanto si appresta a leggere. La motivazione che lo ha spinto a comporre il trattato, stando alle sue parole ben verificabili nella sua esperienza, è da ricercarsi nel ruolo che l'amicizia ha ricoperto nella sua vita, soprattutto per l'aiuto e i benefici che ha ricevuto da questa a partire dai periodi in cui rischiava facilmente di ingannarsi negli affetti (cfr. P,3-4) a quelli in cui questa lo aiutò a cogliere delle regole per crescere nella castità e santità (cfr. P,6).

Il *Prologo* presenta la suddivisione dell'opera e il tema principale di ognuno dei tre capitoli e si conclude con un bellissimo atto di umiltà. Il metodo presentato è quello che parte dall'esperienza diretta per poi accedere allo studio dei libri, infatti i libri «illuminano la vita, ma tanto più quanto di vita si nutrono. In questa logica di circolarità Aelredo scrive: l'esperienza lo spinge a cercare il libro, ma con la stessa naturalezza appronta un libro per aiutare l'esperienza»[62]. Quanto appena detto risulta evidente già nel racconto della sua scoperta del *De amicitia* di Cicerone[63], di cui non si limitò ad una lettura e speculazione intellettuale ma cercò di coglierne il beneficio nell'applicazione alla vita concreta.

Nel *Prologo*, sin da subito e con estrema chiarezza, è presentato il tema: l'amicizia quale crescita nell'amore, quell'amore al quale lo stesso Aelredo

[61] A. R. GUERRIERO – N. PALMIERI, *Letteratura e linguaggi. Scenari.1B*, 352.

[62] D. PEZZINI, «L'amicizia spirituale», 39.

[63] Opera che, come abbiamo già avuto modo di sottolineare, è da considerare ispiratrice della riflessione di Aelredo. Infatti Aelredo cita diverse volte tale opera e la arricchisce di elementi biblici e patristici creando un ponte interessantissimo tra la cultura cristiana e quella pagana.

si consacrò sin da giovane (P,1) e che lo rese veramente libero da ogni turbamento, nella castità e santità[64].

2.3.2 Libro primo: natura e origine dell'amicizia

Protagonisti del dialogo sono Aelredo e Ivo di Wardon. Le parole iniziali sono dell'abate di Rievaulx che sembra compiere una vera e propria sintesi di quella che è l'amicizia cristiana: un rapporto tra due persone dove il *Terzo* tra loro (cfr. I,1), cioè Cristo, rende l'amicizia qualitativamente migliore, anzi vera. Dunque, pur avendo ammesso che Cicerone sia stato la scintilla che ha scatenato tali riflessioni ed esperienze, Aelredo sembra voler chiarire, sin da subito, che la vera amicizia è raggiungibile soltanto nella presenza di Cristo.

Nelle parole di Aelredo emergono immediatamente alcuni tratti fondamentali di colui che è un vero amico: attenzione per l'altro, ascolto, dolcezza, conoscenza profonda dei desideri dell'amico; tratti ben radicati nell'animo di Aelredo (cfr. I,2). Ivo risponde a questa attenzione interrogando il suo amico e maestro sui segreti dell'amicizia spirituale in Cristo: cos'è; quale utilità; quale l'origine e il fine; tra chi può nascere; come conservarla; come far sì che questa possa portare alla santità (cfr. I,5). Domande certamente degne di un animo profondo e bramoso di scoprire i segreti per una vita piena, quale evidentemente doveva corrispondere alla persona dell'abate. Aelredo inizia un percorso che ammette essere già stato avviato e trattato abbondantemente dai dottori dell'antichità (cfr. I,6). Ma le parole di Ivo suggeriscono la necessità di un approfondimento *teologico* perché, per quanto l'opera ciceroniana fosse esemplare e molto ricca, l'uomo spirituale e discepolo di Cristo sente il bisogno di radici più profonde, quelle della Parola di Dio e del rapporto personale con il Figlio, cosicché ogni discorso sul tema possa essere intriso del sapore e della luce proveniente dalla Scrittura che svela la vera forza dell'amicizia (cfr. I,7-8). Dinanzi a questa esigenza così profonda, Aelredo, come un vero pastore, si prende cura della sua pecorella e decide di inoltrarsi nel tema ma con uno stile pedagogico incredibilmente efficace: quello del dialogo, stile che permette all'argomentazione di diventare sempre più profonda a partire tanto dalle domande quanto dalle risposte e riuscendo ad andare diritto al cuore delle esigenze più profonde degli interlocutori (cfr. I,9-10).

Così, in questo libro, viene analizzata la definizione ciceroniana dell'amicizia, in cosa è preziosa, ma anche in cosa è mancante (cfr. I,11-18); si pongono delle precisazioni riguardo al vocabolario dell'amicizia legando tra loro, per poi fare alcune distinzioni, i termini *amore*, *amico*, *ami-*

[64] Cfr. D. PEZZINI, «L'amicizia spirituale», 40-41.

cizia e *carità* (cfr. I,19-22); ci si inoltra nella consapevolezza che l'amicizia è un ideale difficile, ma comunque una realtà a cui è importante aspirare (cfr. I,23-32); vengono passati in rassegna i vari tipi di amicizia, per poterli riconoscere: carnale, mondana e spirituale (cfr. I,33-49); si riflette sull'origine dell'amicizia, sulla sua vocazione universale, sulla pratica e sul perché è regolata da alcune leggi (cfr. I,50-61a); infine, Aelredo accosta l'amicizia alla sapienza (cfr. I,61b-68) per poi concludere rispondendo affermativamente alla meravigliosa domanda di Ivo: Dio è amicizia? (cfr. I,69-71).

2.3.3 Libro secondo: vantaggi e limiti dell'amicizia

Il libro in questione presenta altri due interlocutori: Walter e Graziano. Come nel Libro I, risalta ancora una volta la grande cura che Aelredo presenta per i propri fratelli, mostrando grande attenzione ai segnali non verbali lanciati, in questo caso, dal monaco Walter (cfr. II,1). Questo monaco offre, una volta interrogato e con il suo carattere critico e ricco di desiderio, di santa avidità e di inopportuna sapienza, la possibilità di approfondire, ma anche di andare oltre, il discorso che l'abate di Rievaulx aveva avviato con il monaco Ivo (cfr. II,2-6).

Ancora una volta, il metodo dialogico mostra la sua eccellente pedagogia. Così Aelredo inizia, stimolato da Walter, un'argomentazione inerente i vantaggi dell'amicizia servendosi di riferimenti biblici e del già citato trattato di Cicerone. L'argomentare di Aelredo è così profondo e acceso di passione da commuovere anche un carattere forte come Walter nel quale la volontà di approfondire tale questione cresce nella misura in cui si accende in lui il desiderio vitale di vivere l'amicizia, soprattutto dopo aver ascoltato dalle parole del suo abate che questa risulta essere il gradino più alto verso la perfezione, perfezione alla quale un vero monaco aspira con tutto se stesso (cfr. II,7-15).

Con l'entrata in scena di Graziano è ancora Walter che introduce la nuova argomentazione, servendosi dell'avidità di amicizia del nuovo interlocutore, avidità così forte che potrebbe trarlo facilmente in inganno. Così Aelredo inizia ad entrare nelle dinamiche di quell'amicizia che risulta essere un gradino fondamentale verso Dio (cfr. II,16-20) e lo fa analizzando ancora una volta i vari tipi di amicizia, ma in maniera differente rispetto al Libro I. Infatti, sono descritti sotto forma di baci, dicendo così la profondità alla quale una relazione amicale può giungere: il bacio corporale, che ha il suo valore solo nell'onestà – altrimenti risulterebbe peccaminoso (cfr. II,24b-25); il bacio spirituale, che rappresenta il sentimento del cuore intriso dalle realtà celesti – infatti Aelredo parla di bacio di Cristo attraverso l'amico (cfr. II,26); il bacio intellettuale, vissuto da chi, dopo aver sperimentato il bacio di Cristo nell'amico, aspira al bacio diretto del Signore – è evidente che, in quest'ultima tipologia di bacio, siamo al livello della mistica (cfr. II,27).

A questo punto, sollecitato dai due interlocutori preoccupati di poter avere categorie sufficienti per riconoscere una vera amicizia (cfr. II,28-37), Aelredo inizia un discorso su tra chi può nascere la suddetta relazione, offrendo, sin da subito, una mirabile sintesi: «può nascere tra i buoni, progredire tra i migliori, raggiungere la perfezione tra i perfetti» (II,38). È interessante notare come Aelredo sottolinei, nel suo grande ottimismo, che la bontà basilare è in grado di far nascere l'amicizia in quanto consta nel vivere nell'onestà e nel non fare alcunché di male (cfr. II,43).

Dinanzi agli affanni che una tale relazione può comportare, Aelredo ricorda che ogni virtù si acquista con la fatica e che, conseguentemente, senza fatica non può esservi alcuna virtù (cfr. II,45-53). Vista allora l'urgenza di vivere questa dimensione, gli interlocutori insistono affinché il loro abate li istruisca circa le false e vere amicizie, e prontamente vedono soddisfatte le loro richieste attraverso l'illustrazione di alcuni elementi da tenere in conto: vi è un'amicizia puerile che, in realtà, non è una vera amicizia; vi è quella che unisce i malvagi ma, come già precedentemente constatato, l'amicizia è possibile solo tra i buoni; c'è quella di guadagno che, tuttavia, non basta in sé in quanto il guadagno può essere tollerato solamente come conseguenza di vera amicizia e non quale speranza che sta alla base. L'unico guadagno lecito da sperare è quello che rispecchi una vera amicizia, cioè un aiuto che porterà alla contemplazione di Dio (cfr. II,57-61), sottolineando, ancora una volta e attraverso degli esempi biblici, che, anche se l'amicizia fedele porta con sé notevoli vantaggi, questi, in realtà, non fanno nascere l'amicizia ma sono prodotti da essa (cfr. II,62-63) e per questo la vera gioia dell'amicizia non viene dai vantaggi che essa arreca, bensì dall'amore dell'amico (cfr. II,64).

Il libro si conclude con una breve ricapitolazione e un piccolo chiarimento da parte di Aelredo (cfr. II,64-72).

2.3.4 Libro terzo: la scelta degli amici e la pratica dell'amicizia

Questa terza sezione ha nuovamente come interlocutori Aelredo e i due monaci Graziano e Walter. Il dialogo inziale, che introduce questo terzo colloquio, permette all'abate di Rievaulx di entrare nel rapporto che sussiste tra amicizia e amore, in quanto senza amore è impossibile che vi sia amicizia (anche se è possibile il contrario). Così inizia una riflessione sulla natura dell'amore, razionale e affettivo, cercando di capire quali siano le caratteristiche che condiscono l'amicizia (cfr. III,1-4). L'amicizia, ovviamente, avendo nell'amore un fondamento necessario, troverà nell'essere stesso di Dio la sua più grande espressione: per questo sarà nell'ottica dell'amore divino che si potrà comprendere se una persona può entrare nell'amicizia vera. Per non accogliere con superficialità o in modo puerile una persona nella propria amicizia (cfr. III,5-7), Aelredo inizia ad illustrare come poter arrivare alla perfezione dell'amicizia attraverso quattro gradini: 1) la scelta dell'amico, tenendo conto di alcuni temperamenti difficili – iracondi, instabili, sospettosi, chiacchieroni – da cui è bene guardarsi. Aelredo offre degli spunti per poter capire come trattare e riconoscere coloro che hanno questi difetti, come anche poter sciogliere un'amicizia che si è rivelata non vera a causa del sopraggiungere di questi *impedimenti* oppure a causa di alcuni vizi che ne minano la natura stessa (cfr. III,14-60); 2) la prova, e cioè una vera e propria verifica delle quattro caratteristiche – la fedeltà, l'intenzione, il criterio e la pazienza – necessarie nel rapporto amicale (cfr. III,61-76a); 3) l'accoglienza; 4) l'accordo nelle cose divine e umane insieme a carità e benevolenza.

Da questo punto di vista si comprende bene come l'amicizia sia una relazione delicata e che, per certi versi, nel momento del discernimento delle qualità personali può minare la propria tranquillità, come lo stesso Walter lascia intendere (cfr. III,76b). Ma è proprio a questo punto che Aelredo inizia a parlare della necessità dell'amicizia quale unica possibilità di felicità sulla terra, anzi, quale pregustazione della beatitudine celeste: infatti, l'amicizia inizia sulla terra ma si perfeziona nel paradiso (cfr. III,77-82), e questo tipo di amicizia, in grado di anticipare e far pregustare le realtà celesti, è propriamente quella che può essere definita *amicizia spirituale* (cfr. III,83-87). Aelredo illustra come poter coltivare simile amicizia, insistendo molto sull'importanza della fedeltà, dell'affabilità, della dolcezza dei modi, dell'ilarità del volto e della serenità di sguardo (cfr. III,88-89)[65]. In questo contesto amicale non vi è più differenza tra superiore ed inferiore, come testimonia il sublime esempio biblico di Davide e Gionata (cfr. III,90-97).

A questo punto allora il discorso dell'abate può vertere su alcune realtà che possono entrare in gioco tra amici. Tra queste vi sono certamente gli scambi di favore (cfr. III,98-100) che trovano il loro apice nella reciprocità più sincera ed esistenziale possibile (cfr. III,101-103), l'importanza del consiglio e della correzione fraterna contro ogni adulazione e servilismo che portano alla simulazione (cfr. III,104-109), e la capacità di saper agire con la prudenza propria della dissimulazione in grado di evitare ogni superficialità e di prevenire possibili scontri (cfr. III,111-113).

Essendo Aelredo un abate, conosce bene i rischi che possono incorrere nell'amicizia quando si tratta di attribuire determinati incarichi. Ancora una

---

[65] A dispetto di chi immagina il monachesimo e la fede dei medievali con un'austerità e impassibilità totali nei confronti del mondo.

volta mostra tutta la sua sapienza e lucidità nell'affrontare l'argomento. Provocato da Walter, Aelredo sostiene che è necessaria una grande cautela, cercando di non guardare a ciò che può essere offerto, ma a chi è la persona che riceve l'offerta: soprattutto è necessario guardare se è in grado di sostenere tale incarico. Il merito d'amore non necessariamente significa merito di promozione: per questo, in tale situazione, è necessario far prevalere la ragione al sentimento, cercando le persone più idonee ad un tale incarico, amico o meno amico. Aelredo, per poter dare un fondamento solido a questo discorso, riporta l'esempio di Pietro e Giovanni, l'uno amato profondamente, l'altro promosso alla guida della Chiesa. Inoltre, bisogna porre molta attenzione anche al fatto che il troppo affetto per un amico porti a non dare alcun incarico per la sola paura di perderlo o vederlo allontanarsi da lui (cfr. III,114-118).

Prima di concludere, per concretizzare attraverso la propria esperienza quanto detto, Aelredo fa memoria di due amici con i quali, oltre all'affetto, ha condiviso anche la vita monastica e, almeno con uno di loro, le fatiche dell'incarico. In questo ricordo emergono, come sintesi mirabile, alcune dinamiche precedentemente trattate dal nostro autore (cfr. III,119-127).

In conclusione Aelredo riprende il discorso sui quattro gradini e incoraggia alla preghiera l'uno per l'altro, amico per amico, in quanto la preghiera è in grado di portare a Cristo l'amore e il desiderio. Il passaggio dall'amico all'Amico, a questo punto, diviene una dolcezza da gustare, il frutto prelibato della vera amicizia spirituale, in attesa di poter accedere a quell'amicizia eterna alla quale potranno essere ammessi tutti i beati (cfr. III,128-134).

CAPITOLO II

Teologia dell'amicizia

Affrontare un discorso teologico nell'ambito della Spiritualità significa collocarsi tra l'oggetto materiale della Teologia in genere e quello formale più specificatamente caratteristico della Spiritualità. L'oggetto materiale non può che essere la Rivelazione divina la quale trova in Gesù Cristo la sua manifestazione piena e definitiva, mentre l'oggetto formale proprio della Spiritualità tocca l'esperienza spirituale dell'uomo dinanzi a tale Rivelazione e quindi la dinamica che viene ad instaurarsi nella persona umana destinataria dell'auto-comunicazione divina. Potremmo inquadrare questo discorso alla luce della differenza tra problema teologico e problema spirituale offerta da Bernard:

> teologico è il problema della determinazione del rapporto concreto fra lo spirito dell'uomo e la vita soprannaturale; spirituale invece – dato che la coscienza cristiana pone un atto di fede nell'intervento storico del Dio trascendente – è il problema dell'incidenza di questo fatto sulla vita spirituale[66].

Così, nell'affrontare il discorso dell'amicizia appare necessario comprenderne il quadro generale e condiviso del discorso teologico per poi cercare di approfondire le dinamiche esperienziali della spiritualità. La Teologia Spirituale non può prescindere dalla persona umana e, proprio per questo, il migliore manuale di tale disciplina è il soggetto credente nella sua esperienza di fede e nei suoi affetti, che coinvolgono anche l'esperienza dell'amicizia.

1. Le dimensioni dell'amicizia

La Sacra Scrittura celebra con toni ricchi di affetto e solennità la dinamica relazionale dell'amicizia al punto tale da portare un semplice versetto,

---

[66] C.A. BERNARD, *Teologia Spirituale*, 33-34.

contenuto nel libro del *Siracide*, a far parte della cultura proverbiale della nostra società con il suo *Chi trova un amico trova un tesoro*[67]. Il rapporto amicale che Dio instaura con alcuni uomini del popolo è esemplare dell'amicizia e risulta senz'altro interessante indagare la dinamica di tale relazione tra uomini alla luce di Dio, il *Terzo*: infatti, «l'elemento capitale nell'amicizia cristiana è appunto il riconoscimento che essa è un riflesso dell'amicizia di Dio per ogni sua creatura e del Cristo per i suoi discepoli»[68]. Così, affrontando l'amicizia in alcuni testi biblici si può comprendere quanto l'amicizia spirituale, cioè quella particolare relazione che trova la sua sorgente e il suo fine in Dio, sia il segreto per una vita matura e piena: infatti, «l'amicizia è una maniera di fare esperienza dell'amore di Dio, e insieme un possibile arricchimento e purificazione del proprio essere»[69].

Innanzitutto però dobbiamo rilevare un'interessante evoluzione dell'amicizia nel testo biblico, la quale troverà il suo apice nell'Incarnazione del Figlio. Infatti, possiamo coglierne tre dimensioni: la dimensione verticale, significata dal rapporto Dio-uomo; la dimensione orizzontale, espressa dal rapporto tra uomini; la loro sintesi *incarnata* nella persona di Gesù, dove la vera amicizia è in grado di conciliare in un solo atto entrambe le dimensioni.

1.1 La dimensione verticale dell'amicizia

Nell'Antico Testamento[70] si incontra un primo tipo di amicizia, quella offerta da Dio all'uomo e, in modo particolare, offerta ad Abramo. Egli è l'unico uomo ad essere descritto come l'«amico di Dio» (Gc 2,23) ed è interessante scoprire, a partire dal testo biblico, in quale senso si deve intendere tale amicizia[71].

---

[67] «Un amico fedele è una protezione potente, chi lo trova, trova un tesoro» (Sir 6,14).

[68] G. RAVASI, *Che cos'è l'uomo? Sentimenti e legami umani nella Bibbia*, 96.

[69] G. CUCCI, *La forza dalla debolezza. Aspetti psicologici della vita spirituale*, 285.

[70] Nel testo ebraico l'amicizia è espressa attraverso due radici diverse, *r'* e *'hb*. La radice *r'* è comune a diversi tipi di parole: *pascolare*, *pastore*, *gregge*, *accompagnare*, *compagno*, *fidanzata*, *occupazione*, ma anche con *agire male*, *cattivo*, *malvagio*, *spezzare*, *vociferare*, *gridare* ecc. Cfr. L. ALONSO SCHÖKEL, «רע», *Dizionario di ebraico biblico*, 792. La radice *'hb* è utilizzata per indicare un significato più generale di relazione affettiva nei campi sessuale e coniugale, familiare, amicale, religioso, sociale e politico ecc. e trova nel termine *'ahăbāh* delle espressioni molto intense: infatti, la parola significa *amore*, *affetto*, *tenerezza*, *inclinazione*, *amicizia*, *simpatia* e *cameratismo*. Cfr. *Ibid.*, «אהב», 14-15; «אהבה», 15-16.

[71] Mi soffermerò solamente sul testo biblico ma è opportuno rilevare che il tema dell'amicizia tra Dio e Abramo è stato ripreso anche dalla tradizione ebraica posteriore (*Documento di Damasco*; Filone di Alessandria; *Apocalisse di Abramo*; *Testamento di*

L'autore della *Lettera di Giacomo* mette in relazione l'amicizia di Dio con la fede di Abramo, così come descritta in Gen 15,6, insieme ad un testo che sembra richiamare piuttosto all'osservanza e all'obbedienza nei confronti di Dio, Is 41,8. Probabilmente i due testi erano già accostati dalla liturgia sinagogale ma ciò che risulta essere importante è soprattutto l'accostamento del titolo di *amico* con i due atteggiamenti di Abramo: la fede e l'obbedienza. In tutto ciò, però, è da rilevare che, seppur fondamentali, non sono prioritariamente questi atteggiamenti a fare di Abramo l'amico, ma lo è la totale iniziativa di Dio che rende possibile questo con una vocazione: «fu chiamato» (Gc 2,23). Si potrebbe avanzare una giusta critica a quest'affermazione, infatti non viene specificato chi è che chiama Abramo come *amico* e, in effetti, risulta difficile poter utilizzare un passivo teologico. Tuttavia, ciò che risulta fondamentale è che l'amicizia non nasce prioritariamente da un merito ma dalla chiamata divina, senza la quale nessun atteggiamento potrebbe portare ad un titolo così onorifico[72].

Lo stesso Is 41,8 può essere interpretato secondo due aspetti: Abramo gode del titolo di *amico di Dio* per via della sua obbedienza ma anche perché scelto e amato da Dio. I due significati non dovrebbero mai essere disgiunti, in quanto è proprio dell'amicizia la convivenza dell'elezione e della risposta gratuita a questa elezione. Infatti, entrando nello specifico del versetto, possiamo cogliere diverse sfumature che sembrano svelare il senso che il profeta vuole attribuire al titolo di *amico*:

> la prima espressione, "Israele mio servitore", vuol dire che Israele è stato scelto per essere al servizio di Dio. È difficile dire che Israele abbia scelto il suo Signore. La seconda espressione, "Giacobbe che ho scelto", non lascia dubbi su chi prende l'iniziativa. La terza espressione, in questo contesto, significa pertanto: "Abramo che ho scelto come amico". Possiamo ovviamente supporre che, nei tre casi, vi sia una risposta positiva all'iniziativa divina, almeno in principio[73].

A questo punto è possibile affermare anche la reciprocità di tale relazione che, tuttavia, continua a porre l'accento sul fatto che il primo passo è compiuto da Dio, al punto da poter parlare di *amicizia elettiva* dove Dio sceglie una persona per farne un proprio amico. Ovviamente, se il come e il perché sono difficili da spiegare nello sbocciare delle nostre amicizie umane risulta ancora più complesso coglierli in Dio. Quello che possiamo affermare è che questa elezione, benché conosca un solo destinatario, non ri-

---

Abramo; *Mishna–Avot*; *Sifre*; *Midrash Rabba*) e dal *Corano*. Cfr. J.L. SKA, *Abramo amico di Dio (Gc 2,23)*, in AA.VV., *L'amicizia*, 25-34.

[72] Cfr. J.L. SKA, *Abramo amico di Dio*, 15-19.

[73] J.L. SKA, *Abramo amico di Dio*, 20.

sulta essere esclusiva, anzi è un'elezione inclusiva in quanto, grazie all'amicizia con Abramo, si avvia l'alleanza con il popolo: Dio sceglie Abramo e la sua elezione continua nella fedeltà divina alla discendenza di quest'ultimo. Forse è per questo che ogni forma di vera amicizia, nella cultura ebraico-cristiana, è possibile solamente in Dio.

Nello stesso senso è da intendersi anche l'altra citazione di Abramo quale amico di Dio, e cioè quella di 2Cr 20,7 dove l'iniziativa di Dio che chiama all'amicizia elettiva è seguita dalla risposta positiva del patriarca[74]. La figura di Abramo svela così una prima dimensione dell'amicizia, la sua verticalità che sfocia nell'alleanza con Dio, un'amicizia basata sull'amore elettivo di Dio. Infatti, «chiamare Abramo "amico di Dio" significa ricordare che la storia della salvezza, nella Bibbia, è un'iniziativa gratuita di Dio»[75].

1.2. **La dimensione orizzontale dell'amicizia**

Altro tipico esempio di amicizia è quello instaurato tra Davide e Gionata. In questo, però, a differenza dell'amicizia offerta da Dio ad Abramo, la relazione coinvolge due uomini che vivono questa preziosa esperienza, altrettanto rivelatrice dell'amore divino. Proviamo così ad entrare nella ricchezza di tale realtà facendo riferimento ad alcuni passaggi in cui i due protagonisti si sono coinvolti l'uno nella vita dell'altro.

Non possiamo che partire dalla fine dello scontro con Golia dove osserviamo, in maniera piuttosto improvvisa, il sorgere dell'amicizia tra il giovane betlemmita e il figlio di Saul. Il testo non dice cosa possa aver scatenato tale legame affettivo tra i due ma esprime, con dei gesti molto significativi, il livello di profondità dell'amicizia che li ha coinvolti. Innanzitutto, Gionata offre il proprio mantello a Davide, indicando così la disponibilità ad offrirgli tutta la propria persona[76]; consegnandogli poi anche gli abiti, la spada, l'arco e la cintura, sembra proprio volersi mettere a nudo dinanzi all'altro, il quale è considerato un campo sicuro in cui può cadere ogni difesa e in cui la propria nudità non spaventa. Con questo gesto Gionata sta consegnando simbolicamente anche il proprio diritto di successione al trono, riconoscendo il progetto di Dio su Davide, cioè diventare re[77]. Questa *ritualità* ci aiuta a comprendere che

---

[74] Cfr. J.L. SKA, *Abramo amico di Dio*, 21-23.

[75] J.L. SKA, *Abramo amico di Dio*, 35.

[76] «Mantello: secondo la mentalità degli antichi, la veste di una persona rappresenta la persona stessa e ne conserva la forza». CEI, *La Sacra Bibbia*, nota di 1Re 19,19.

[77] Cfr. C. D'ANGELO, *Davide e Gionata: «La tua amicizia era per me preziosa» (2Sam 1,26)*, in AA.VV., *L'amicizia*, 60.

l'amicizia è come lo sguardo di Dio sulla vita: rivela le persone a se stesse e le aiuta a scoprire il progetto di Dio per loro. Ma bisogna essere disposti a "spogliarsi", cioè a rinunciare alla protezione delle proprie sicurezze e del proprio ruolo, bisogna non essere attaccati al potere e alla carriera, bisogna essere disposti a togliersi tutte quelle vesti che impediscono di relazionarsi all'altro con autenticità e senza paura[78].

È proprio così che la comunione tra i due diviene così profonda da diventare una cosa sola pur nella loro distinzione: infatti, «Gionata lo amò come se stesso» (1Sam 18,1) e Davide arrivò a considerare la loro amicizia preziosa «più che amore di donna» (2Sam 1,26). Come dicevamo, non è spiegato il perché di questa amicizia così intensa, ma risulta senz'altro interessante osservare come il testo presenta i due personaggi in modo assai simile: coraggiosi, timorati di Dio, in un rapporto conflittuale e fedele con Saul, stimati dal popolo. Questo porta a supporre che l'improvvisa amicizia non è da inquadrare in quell'infatuazione adolescenziale caratterizzata da superficialità, ma in una condivisione di valori comuni, umani e religiosi[79] che portano al «vedersi a partire dall'interiorità, cioè dal riconoscere nell'altro quel bisogno di vita che è anche il mio, diventando capaci di condividere la propria mancanza e il proprio sentire profondo, quello da cui nascono gli affetti duraturi»[80].

Certamente nella vita dei due personaggi in questione è possibile osservare quella convergenza che riguarda tanto l'amabilità oggettiva che l'ambiguità ontologica dell'essere umano. Molto spesso le motivazioni che spingono ad amare l'altro e ad instaurare una certa relazione con alcune persone sono per via di necessità, talvolta inconsce[81]: è evidente allora che l'amicizia pura, a causa della concupiscenza, risulti una realtà piuttosto illusoria. Con questo, tuttavia, non possiamo affermare che non vi sia stata vera amicizia tra di loro: infatti, «né l'amore né l'amicizia sono spirituali a priori, incasellati automaticamente nell'ambito dell'offerta o del dono. Sempre essi sono da convertire»[82] e Davide, come ben sappiamo, è stato un uomo in un continuo atteggiamento di conversione. L'amicizia tra Davide e Gionata è certamente sincera e, seppur influenzata dalle rispettive povertà, può rientrare in quell'*amor benevolentiae* di cui parla Tommaso d'Aquino, vale a dire il bene dell'altro in sé e non a proprio vantaggio[83]. Lo stesso

---

[78] C. D'ANGELO, *Davide e Gionata*, 59-60.

[79] Cfr. C. D'ANGELO, *Davide e Gionata*, 56.

[80] C. D'ANGELO, *Davide e Gionata*, 57.

[81] Cfr. M. CAVANI, *La carità come amicizia*, 144.

[82] X. LACROIX, *Amore e amicizia: questione di frontiere*, in M. WIRZ, ed., *L'avventura dell'amicizia*, 138.

[83] Cfr. M. CAVANI, *La carità come amicizia*, 78-80.

Aelredo sottolinea che, anche se l'amicizia fedele dei buoni è in grado di offrire dei vantaggi, questi non possono che essere conseguenza dell'amicizia in sé e non viceversa. E proprio a riguardo del legame amicale tra Davide e Gionata così si esprime:

> lo stesso possiamo dire del legame magnifico tra Davide e Gionata, consacrato non dalla speranza di un futuro vantaggio, ma dall'ammirazione per la virtù, anche se poi ne venne una grande utilità ad ambedue, poiché per l'impegno di uno fu risparmiata all'altro la vita, e per la bontà del primo non fu distrutta la posterità del secondo (II,62).

Forse tra Davide e Gionata è possibile riscontrare, allora, tre livelli di amicizia che, maturando, hanno trovato nel terzo il più alto: un'amicizia in Dio. Questi tre livelli sono: *amicizia per simpatia*, spontanea e che tocca il temperamento psico-affettivo[84]; *amicizia per angoscia*, derivante dall'aver affrontato insieme una prova vitale e decisiva che avrebbe potuto condurre la persona alla distruzione di sé[85]; *amicizia fraterna*, originata dall'esperienza spirituale e che nasce dalla condivisione della rivelazione dell'amore divino. Questo livello si colloca al vertice in quanto non si limita all'aspetto duale o interpersonale ma è capace di riconoscere il *Terzo tra noi*, la presenza del Dio Uno e Trino[86].

Dal mio punto di vista i primi due tipi di amicizia sono facilmente riconoscibili nell'esperienza di Davide e Gionata e, probabilmente, il livello più alto è da supporre, visto e considerato il riferimento costante a Dio nelle loro vicende biografiche. Inoltre, nel canto di Davide in occasione della morte di Gionata, la preziosità di quest'ultimo è espressa dal re con *nā'ām*, un verbo utilizzato per esprimere la dolcezza del cibo, dell'amore e per esprimere la bellezza della Terra Promessa. Così, l'amicizia è descritta quale esperienza di dolcezza, proprio come l'amore e la gioia della Terra. Appare chiaro allora che, se Dio è buono ed amabile (cfr. Sal 134,3), coloro che sono nell'amicizia somigliano a Dio perché anche il loro stare assieme, nell'amicizia fraterna[87], è buono ed amabile (cfr. 132,1)[88].

---

[84] L'amicizia per simpatia è in grado di condurre le persone coinvolte alla concordia (*cum cordis*) tuttavia, per poter giungere ad essere una vera amicizia, necessita che i soggetti *in amicizia* abbiano la virtù dell'amore gratuito capace di andare oltre la semplice reciprocità (la *koinonía*), aprendosi chiaramente all'aspetto spirituale.

[85] L'aver condiviso questa prova, fino a mettere a rischio la propria vita, non può che condurre i due soggetti a vivere una relazione più intensa della precedente, tendente all'alleanza.

[86] Cfr. X. LACROIX, *Amore e amicizia*, 131-138.

[87] Davide chiamerà Gionata «fratello mio» (2Sam 1,26).

[88] Cfr. C. D'ANGELO, *Davide e Gionata*, 62.

1.3 La dimensione verticale-orizzontale dell'amicizia

Dio «nel suo grande amore parla agli uomini come ad amici e si intrattiene con essi per invitarli e ammetterli alla comunione con sé»[89]. Questa affermazione, frutto del Concilio Vaticano II, rappresenta un solido punto di partenza circa la dimensione che andremo ad analizzare. Innanzitutto, si parla dell'amore di Dio, un amore che in Gesù è stato fortemente legato all'amicizia. Anche se il documento conciliare riporta quel *come ad amici*, è importante sottolineare che l'Incarnazione ha eliminato, almeno in parte, il parlare dell'amicizia tra Dio e l'uomo nei termini di una similitudine. Inoltre, il testo appena citato, parla di uomini e non di uomo, quindi non vi è più un'attenzione rivolta solamente ad uno (dimensione verticale) e nemmeno all'amicizia tra soli uomini (dimensione orizzontale) ma è come aperta la possibilità di inquadrare un'unica grande amicizia tra Dio e gli uomini che accettano tale dono, riconoscendo l'implicazione che ciascuna dimensione ha nell'altra (dimensione verticale-orizzontale).

Ora, dato che la Teologia cristiana, nell'interpretare ogni realtà umana, situa «la propria riflessione nel mistero del Verbo incarnato alla cui luce emerge pienamente il volto dell'umano»[90], appare quanto mai necessario approfondire l'apporto del Nuovo Testamento[91] sul nostro tema. Per prima cosa, l'amicizia è espressa attraverso una sostanziale differenza dal contesto culturale del mondo ellenistico e, in parte, giudaico[92] in quanto, fondamentalmente, come già sottolineato, l'amicizia rifulge nell'Incarnazione del Figlio. Si passa ad un tipo di relazione ben precisa, quella di Gesù, che non rimanda ad una similitudine del rapporto tra uomo e Dio, ma all'assunzione vera e propria di quest'esperienza umana che trova la sua pienezza in Dio stesso[93]. Ecco perché, con l'Incarnazione, «la prassi dell'amicizia è stata

[89] DV 2.

[90] S. ZAMBONI, *Teologia dell'amicizia*, 25. Cfr. GS 22.

[91] Il vocabolario neotestamentario dell'amicizia è rappresentato da *philéo*, verbo che esprime la relazione affettiva di una persona per un'altra, per un oggetto o per un'idea, arrivando ad assumere, in alcuni casi, una certa somiglianza con il verbo *agapáo* che, in realtà, indica piuttosto il coinvolgimento volontario nella relazione. Il vocabolo corrispondente al verbo *philéo* è *phílos*, con il quale si designa ciò che è caro a qualcuno. Nel *Vangelo di Giovanni* l'aggettivo *phílos* trova certamente la sua massima espressione nel contesto cruciale del lungo discorso di addio contenuto nei capitoli 13–17. Solamente la *Lettera di Giacomo* arriva ad utilizzare quest'ultimo termine per esprimere la relazione dell'uomo con Dio. Cfr. L. DEVILLERS, *Diventare amico di Gesù: la vocazione del discepolo*, in M. WIRZ, ed., *L'avventura dell'amicizia*, 91-99.

[92] L'amicizia ha subito spesso delle caricature letterarie e mitologiche. Cfr. J.-M. GUEULLETTE, *Cristo, un amico: valenze teologiche*, in M. WIRZ, ed., *L'avventura dell'amicizia*, 72.

[93] Cfr. J.-M. GUEULLETTE, *Cristo, un amico*, 67-69.

radicalmente trasformata dall'esperienza che ne ha fatto il Cristo»[94], ed ecco perché, a partire da questo, possiamo affermare che l'amicizia è un vero e proprio *luogo teologico*, in quanto lo stesso Gesù, nella sua pienezza umana e divina, ha deciso di viverla quale virtù prioritaria nell'ordinarietà della vita umana[95]. Questo spiega il motivo per il quale un discorso teologico su una realtà dell'affettività umana è possibile: con l'Incarnazione Dio ha fatto propria la nostra affettività nel Figlio e, con la sua Risurrezione, l'ha portata in seno alla Trinità, sfatando definitivamente quell'impossibilità di amicizia che, a causa della natura differente, Aristotele sosteneva non essere possibile tra uomo e Dio[96]. L'uomo Gesù nella sua amicizia con i discepoli rimane sempre il *Kyrios*, colui che realizza la realtà alla quale chiama: infatti, è a partire da lui che l'amicizia assume la forma, è solamente a partire da lui che è resa possibile nella sua dimensione propriamente verticale-orizzontale[97].

Entrando nel cuore di questa dinamica relazione con il Signore Gesù, il Vangelo la presenta come un'amicizia *pericolosa*. Infatti, in Giovanni l'amicizia è un dono strettamente legato al comandamento divino che comporta il *dare la vita*, come provato nella predicazione, morte e Risurrezione del Cristo. Si può comprendere e giustificare allora l'interessamento teologico che si sta avviando nei confronti di questa categoria, ripresa, riscoperta[98] ed interpretata come vocazione in Cristo[99]. È importante fare una precisazione: questo dare la vita non annienta la personalità soggettiva dell'amico, ma le rende giustizia, in quanto è solo nel dono, nato

---

[94] J.-M. GUEULLETTE, *Cristo, un amico*, 69.

[95] «Il suo amore e la sua tenerezza saranno sempre quelli di un Dio. Eppure deve essere possibile far emergere, anche dalle sue parole e dalle sue scelte, dalla sua visione e dalle sue inclinazioni, quei moti che non possono essere attribuiti alla sua divinità perché, a somiglianza dei nostri (eccetto il peccato), si ricollegano di per sé alla sua umanità». E. BOUET-DUFEIL – J.-M. DUFEIL, *L'amicizia nell'evangelo*, in M. WIRZ, ed., *L'avventura dell'amicizia*, 44.

[96] Cfr. E. BOUET-DUFEIL – J.-M. DUFEIL, *L'amicizia nell'evangelo*, 43. «Uguaglianza, comunicazione, fiducia reciproca, responsabilità reciproca: si potrebbe dire che il redattore del Vangelo di Giovanni, conoscendo queste dimensioni della comprensione greca dell'amicizia e sapendo quanto esse fossero la ragione per cui gli dèi ne rimanevano estranei, scopre con stupore che ciò che era stato vissuto nell'Ultima cena corrispondeva però bene a tali criteri». J.-M. GUEULLETTE, *L'amitié. Une épiphanie*, 170; trad. italiana, *Teologia dell'amicizia*, 25-26.

[97] Cfr. S. ZAMBONI, *Teologia dell'amicizia*, 33-34.

[98] L'amicizia, nel corso della storia, ha dovuto subire un vero e proprio processo a causa della paura di possibili peccati legati all'affettività.

[99] Cfr. G. JEANROND, *Teologia dell'amore*, 227-229.

dall'accoglienza della Parola di Dio, che è possibile accedere alla vera libertà che sgorga dalla verità dell'amore[100].

Prendendo come esemplare la vicenda di Pietro, il compimento del comandamento più grande è possibile solo a partire dal riconoscimento del dono dell'amicizia di Gesù e, infatti, solo quando l'apostolo sperimenta contemporaneamente il fallimento dei suoi propositi e il dono di Cristo può esprimere l'amicizia donando tutto se stesso[101]. Il passaggio dalla tavola dell'Ultima cena, dove l'apostolo si mostra sicuro di poter dare la propria vita per Cristo, alla possibilità di un'effettiva concretizzazione di quel proposito frettolosamente espresso prima della Pasqua, è possibile a partire dalle sponde del mare di Tiberìade in cui il dono di Cristo, finalmente accolto nella propria povertà, fa di Pietro l'amico dell'Amico, capace di vivere relazioni di vera amicizia anche con i fratelli[102].

A questo punto, l'intimità con Gesù e l'accoglienza del suo dono permettono di cogliere una sostanziale differenza tra due tipi di amicizia: l'amicizia *in ordine al cameratismo* e quella *in ordine all'altro in quanto tale*. L'amicizia proposta da Gesù non rientra certamente nelle categorie del cameratismo, dove ciò che unisce è solamente l'opera da conseguire (al punto che quest'ultima risulta avere il primo posto rispetto alle persone), ma in quella logica dell'edificazione del Regno in cui il cammino si fa insieme[103]. Una differenza sostanziale è ben visibile nell'approccio alla relazione amicale vissuta da Giuda e da Gesù. Giuda, probabilmente, aveva sposato il progetto (tra l'altro non comprendendolo pienamente) e questo lo ha portato alla delusione e alla decisione di *vendere l'amico*; Gesù, invece, nonostante la consapevolezza del futuro tradimento, continua a sperare in lui e a renderlo partecipe della sua vita[104]. Se il motivo dello stare insieme dei Dodici fosse stato solo ed esclusivamente l'ideale del Regno di Dio (in una dimensione unidirezionale e verticale) è da immaginare che l'Iscariota sarebbe stato allontanato quanto prima ma, siccome la priorità è l'incontro con Dio nella logica della comunione tra uomini (dimensione verticale-

---

[100] Cfr. L. DEVILLERS, *Diventare amico di Gesù*, 98.

[101] «Il compimento dell'amore più grande, è reso possibile solo sul fondamento dell'amore ricevuto, solo accogliendo un amore donato. È Gesù che dà la vita per i suoi amici; esclusivamente in base a ciò è possibile rispondere al suo amore di amicizia». S. ZAMBONI, *Teologia dell'amicizia*, 32.

[102] Cfr. S. ZAMBONI, *Teologia dell'amicizia*, 26-32.

[103] Cfr. J. LACROIX, *Il senso dell'amicizia* in M. WIRZ, ed., *L'avventura dell'amicizia*, 113.

[104] «Certamente l'amico può deludermi, ma se sono in un rapporto di amicizia con lui questo significa che al di là delle speranze illusorie faccio appello alla speranza che non mente e la mia amicizia stessa è un'invocazione perpetua che io gli rivolgo perché riformi la sua natura nel senso del suo ideale». J. LACROIX, *Il senso dell'amicizia*, 114.

orizzontale), Gesù continua a desiderare Giuda accanto a sé, anche se questo significa la possibilità di essere tradito. Risulta chiaro allora che il modo di procedere di Gesù, a differenza di un'amicizia tra camerati, è inquadrabile nella possibile scoperta dell'identità di sé e dell'altro nella logica del dare la vita, della conferma del proprio e altrui cammino quale riconoscimento della bontà ontologica propria di ognuno, della possibilità di elevarsi con uno sguardo ricco di gratitudine per quanto ricevuto da Dio nell'amico[105].

Quest'ultimo aspetto, quello del ringraziamento, è l'apice dell'amicizia cristiana e non è un caso che l'Eucaristia, il dono di Cristo per i suoi, sia al contempo ringraziamento e dono di se stesso per i suoi, anche per Giuda.

2. Elementi teologici ne *L'amicizia spirituale* di Aelredo di Rievaulx

Nel discorso sull'amicizia l'originalità di Aelredo è innegabile e, infatti, il suo pensiero, accompagnato dalla sua concreta esperienza di vita, ha dato alla luce un trattato che possiamo ritenere un *unicum* nel panorama teologico-spirituale della storia del Cristianesimo. Nessuno ha riflettuto così sistematicamente sull'amicizia e nessuno, almeno quanto lui, ha individuato nell'amicizia la possibilità di un valore fondamentale nel percorso ascetico-spirituale della vita cristiana. Questa sua originalità è dovuta al fatto che lungo la storia il legame affettivo amicale è stato visto con grande sospetto, sfiducia e pericolosità nel cammino di sequela di Cristo e, a dire il vero, nemmeno il contributo di Aelredo è riuscito a sconfiggere tale mentalità pessimistica se non in qualche raro autore e nella riflessione degli ultimi decenni, in cui pare sia in atto un importante cambio di prospettiva[106] che mostra chiaramente quanto Aelredo sia stato capace, molti secoli prima, di cogliere la bellezza di un'umanità tanto fragile quanto preziosa[107]. Del suo trattato dal forte accento teologico-esperienziale riteniamo opportuno fare una scelta di campo: di seguito riportiamo soltanto alcuni dei temi di rilevanza teologica mentre per quanto riguarda l'aspetto più esperienziale ritengo opportuno rimandare direttamente all'opera e, quale aiuto, alla struttura del trattato presentata nel primo capitolo di questo lavoro.

2.1 La perfezione della vita cristiana: l'amore di amicizia

Per prima cosa, appare necessario compiere una distinzione fondamentale, vale a dire quella tra amicizia e amore. Se lo stesso Aelredo afferma che

---

[105] Cfr. S. ZAMBONI, *Teologia dell'amicizia*, 38-40.

[106] Cfr. D. PEZZINI, «La dottrina aelrediana sull'amicizia nella tradizione cristiana» in AELREDO DI RIEVAULX, *L'amicizia spirituale*, 65-67.

[107] Non è un caso che l'interessamento per Aelredo sia sorto proprio dopo il Concilio Vaticano II e il conseguente ottimismo nei confronti dell'uomo.

«ci può essere amore senza che ci sia amicizia, ma non ci può mai essere amicizia senza amore» (III,2)[108] appare evidente che le due realtà conoscono, pur in una certa distinzione effettiva, un importante legame. L'amore cristiano non è un semplice sentimento o un'emozione, ma mette in moto il campo della volontà[109] e, in effetti, Cristo non ha sperato che i suoi discepoli un giorno potessero incontrare l'amore, ma ha *comandato* loro di amare. In questo riconosciamo che la realtà dell'amore vero è qualcosa che muove tutta intera la persona, dal cuore alla testa. Walter, interlocutore del Libro II e III di Aelredo, nel parlare dell'amico Graziano afferma che «a ragione potrebbe essere chiamato discepolo dell'amicizia, dato che il suo massimo impegno è quello di "essere amato e amare"» (II,16), avvalorando così che l'amore, e dunque anche l'amicizia, richiedono un preciso e significativo atto della volontà. È bene annotare, tuttavia, che la sola volontà dell'uomo non potrebbe bastare a poter raggiungere il grado della perfezione dell'amore nell'amicizia: infatti, l'atto della volontà è cosa assai diversa da ogni forma di volontarismo. Per cercare di capire di cosa stiamo parlando è senz'altro utile il riferimento al *Decreto sulla giustificazione* del Concilio di Trento dove, in questo processo di rinnovamento interiore, si parla della possibilità di diventare amici di Dio:

> segue la stessa giustificazione, che non è una semplice remissione dei peccati, ma anche santificazione e rinnovamento dell'uomo interiore, mediante la libera accettazione della grazia e dei doni che l'accompagnano, per cui da ingiusto diviene giusto e da nemico amico, così da essere "erede secondo la speranza della vita eterna" (Tt 3,7)[110].

La grazia santificante permette allora di entrare in tale relazione, altrimenti impossibile senza l'aiuto divino[111] e, in effetti, molto difficilmente può giungere alla perfezione dell'amore colui che non ha gustato la dolcezza dell'amore perfetto di Dio. A tal motivo, parlando della virtù dell'amicizia, Aelredo sottolinea come è proprio il Signore ad essere il largitore di tale dono (cfr. I,27) il quale, riparando alla caduta del primo uomo

---

[108] Il «primato della carità è la dottrina classica della carità come forma di tutte le virtù, vale a dire: della carità in quanto principio di tutta la vita morale cristiana». C.A. BERNARD, *Teologia Spirituale*, 157.

[109] Infatti Aelredo definisce l'amore come «un sentimento dell'anima razionale» (I,19).

[110] DH 1528.

[111] Così fa pregare la Chiesa attraverso l'orazione della Liturgia delle Ore, nel giovedì della seconda settimana durante il Tempo quaresimale: «O Dio, che salvi i peccatori e li chiami alla tua amicizia, volgi verso di te i nostri cuori e donaci il fervore del tuo Spirito perché possiamo esser saldi nella fede e operosi nella carità». UFFICIO DIVINO, *Liturgia delle ore,* II, 169.

che portò nel mondo la cupidigia, l'avarizia e l'invidia (cfr. I,58), ha reso nuovamente possibile, a chi accoglie tale grazia, la vita dettata dalla carità e dall'amicizia. Queste due realtà, però, se in principio l'assenza del peccato permetteva di considerarle un'unica cosa, con la disobbedienza dei progenitori sono da considerarsi come realtà diverse. È per questo che Aelredo, approfondendo la distinzione succitata tra amore a amicizia, sostiene che

> i buoni cominciarono a distinguere tra carità e amicizia, avvertendo che l'amore era dovuto anche ai nemici e ai perversi, ma essendo nel contempo evidente che tra i buoni e i malvagi non poteva esserci alcuna comunione di volontà e di propositi. L'amicizia, che all'inizio era praticata, come la carità, da tutti e con tutti, rimase confinata per legge naturale a pochi buoni; questi, vedendo come molti violassero i sacri diritti della lealtà e della società, si legarono tra di loro in un patto più stretto di amore e di amicizia così da trovare, in mezzo ai mali che vedevano e pativano, ristoro e quiete nella grazia dell'amore reciproco (I,58-59).

Ecco perché

> l'autorità di Dio ha infatti stabilito che siano molti di più quelli che accogliamo nel grembo della carità di quelli che ammettiamo all'abbraccio dell'amicizia. La legge della carità ci fa obbligo di accogliere nel seno dell'amore non solo gli amici, ma anche i nemici. Noi però chiamiamo amici solo quelli cui non temiamo di affidare il nostro cuore con tutto quello che ha dentro, e così fanno anche loro, stringendosi a noi in un legame che ha la sua legge e la sua sicurezza nella fiducia reciproca (I,32).

Dunque nell'amicizia, con il dono della grazia santificante e la reciprocità dei coinvolti nella relazione, l'amore tocca la perfezione[112]. Infatti, se tra gli imperativi di Gesù vi è l'amore per il nemico (cfr. Mt 5,44; Lc 6,27.35) la perfezione della carità è riservata solo all'amicizia in quanto «nessuno ha un amore più grande di questo: dare la vita per i propri amici» (Gv 15,13).

Questa differenza si esprime anche in una certa distinzione fondamentale tra le due realtà e, nel ricercare lo specifico della relazione di amicizia, è

---

[112] «L'amicizia spirituale nasce tra i buoni per una somiglianza di vita, di abitudini, di aspirazioni, ed è una sintonia nelle cose umane e divine piena di benevolenza e carità. Mi pare che questa definizione basti a esprimere l'idea di amicizia, purché intendiamo il termine "carità" in senso cristiano, tale che si escluda dall'amicizia ogni vizio, e con "benevolenza" si intenda lo stesso sentimento d'amore che proviamo interiormente insieme a una certa dolcezza. Dove c'è un'amicizia di questo genere, vi è certamente "il volere e il rifiutare le stesse cose"; un sentire che è tanto più dolce quanto più è sincero, tanto più soave quanto più è sacro, al punto che gli amici non possano neanche volere ciò che è sconveniente, o non volere ciò che giova. Una tale amicizia è guidata dalla prudenza, retta dalla giustizia, custodita dalla fortezza, moderata dalla temperanza» (I,46-49).

possibile rilevarlo nella capacità di «sopportare la distanza tra i corpi, di trovarla normale: anzi, di viverla serenamente. L'amicizia va prima di tutto al volto, si costruisce tramite la parola, in un faccia a faccia che presuppone la separazione»[113]. A mio avviso, è proprio questo il segreto dell'amicizia: condurre la persona a quella libertà fondamentale capace di avere una relazione matura con Dio e con gli uomini. L'amicizia, non essendo mossa dall'*eros* (tensione all'uno) è capace di rinunciare al possesso, divenendo così scuola e garanzia della castità, alla quale tutti, in qualsiasi stato di vita, siamo chiamati. È proprio per questo che, come Aelredo sostiene, può esservi amore senza amicizia, ma non viceversa: l'amore, criterio fondante l'agire cristiano, si pone alla base dell'amicizia, ma ne risulta assai avvantaggiato da quest'ultima, in quanto permette di gustare quel respiro capace di prendere le distanze dal fuoco della passione, tendente all'esclusività e all'unicità. L'amicizia, viceversa, è sempre disposta ad accogliere e ad aprirsi a nuove occasioni di arricchimento relazionale, in quanto, fondamentalmente, guidata da libertà e spiritualità[114]. Dunque, si potrebbe tranquillamente affermare che l'amicizia è la forma più alta dell'amore, come testimoniato da una delle possibili letture esegetiche di Gv 21,15-17, in cui l'impiego di *agapáo* nelle prime due domande e di *philéo* nella terza potrebbe significare molto di più di una semplice variazione stilistica, e cioè una «progressiva concretizzazione, nel senso che *l'agápē* cui Gesù si riferisce nelle prime domande assume forma concreta nella *philìa* di Gesù»[115].

Questo affetto di amicizia, giungendo alla punta massima dell'amore, dice anche la possibilità di poter entrare in una relazione intima con Dio in quanto *ubi caritas et amor, Deus ibi est.* Giustamente Aelredo nota che l'orazione, venendo da un amico, sale efficacemente a Dio in quanto ricolma del vero affetto,

> così, un amico che prega Cristo per conto dell'amico, e desidera essere esaudito da Cristo per amore dell'amico, finisce per dirigere su Cristo il suo amore e il suo desiderio; così talvolta avviene che rapidamente e in modo impercettibile si passi da un affetto all'altro (III,133)

sottolineando così che «in questo modo, da quell'amore santo con cui si abbraccia il proprio amico, si sale a quello con cui abbracciamo Cristo» (III,134). Inoltre l'amicizia

> è lo strumento attraverso il quale Dio rivela a ciascuno le bellezze degli altri, che non sono, certamente, superiori alle bellezze di un migliaio di altre persone; con l'amicizia Dio ci apre gli occhi su di loro. Queste, come tutte le bel-

---

[113] X. LACROIX, *Amore e amicizia*, 125.

[114] Cfr. X. LACROIX, *Amore e amicizia*, 125-129.

[115] S. ZAMBONI, *Teologia dell'amicizia*, 31.

lezze, derivano da lui, e quando si stabilisce un'autentica amicizia esse vengono da lui accresciute per questo tramite, cosicché l'amicizia diventa il suo strumento per creare, e anche per rivelare[116].

L'amicizia, dunque, ha una forza rivelatrice e non a caso la grande rivelazione giovannea di *Dio amore* (cfr. 1Gv 4,8) viene parafrasata da Aelredo nella conosciuta affermazione: «chi rimane nell'amicizia, rimane in Dio, e Dio in lui» (I,70), sentenziando così che Dio è amicizia.

2.2 Il *Terzo in mezzo a noi*

«Eccoci qui, io e te, e spero ci sia un terzo in mezzo a noi, il Cristo» (I,1). Aelredo, attraverso queste parole con le quali inizia il Libro I del trattato, delinea sin da subito ciò che risulta fondamentale nel dialogo di amicizia: la presenza di Cristo. È il primo interlocutore di Aelredo, il monaco Ivo, a confermare tale fondamento, quando, riferendosi al grande trattato classico sull'amicizia, afferma: «pare infatti che Cicerone abbia ignorato la vera forza dell'amicizia, dato che non conosceva in alcun modo colui che ne è il principio e il fine, il Cristo» (I,8). Dunque, Cristo è fondamento e fine ultimo della relazione amicale e per questo vogliamo provare a capire, seguendo gli spunti offerti da Aelredo, che rilevanza ha tutto questo da un punto di vista teologico[117].

Dobbiamo osservare, anzitutto, la realtà dell'Incarnazione e come è presentata dai Vangeli. Partendo dalla costatazione che al Nuovo Testamento non importa tanto «la cruda realtà della vita di Gesù, né i dettagli concreti delle sue condizioni di vita, ma il significato salvifico di questo vero essere umano»[118], appare chiaro che la realtà della sua affettività si lega indissolubilmente alla Redenzione che Cristo è venuto ad operare nei confronti di quella carne assunta che, nel linguaggio giovanneo (cfr. Gv 1,14), indica certamente la fragilità e caducità della condizione umana[119]. La salvezza, e cioè la possibilità di integrità dell'esistenza umana nei confronti della realtà creata, risulta possibile solamente a partire dal proprio *trascendimento* verso Dio, colui che abbraccia ogni realtà ridestando l'armonia originaria. Questo è il motivo per il quale la non comunione con Dio, portando ad una disintegrazione armonica con il creato intero, porta anche ad una progressiva disintegrazione affettiva nell'uomo[120]. Con l'Incarnazione, dunque, Dio

[116] C.S. LEWIS, *I quattro amori. Affetto, Amicizia, Eros, Carità*, 85.

[117] «Non sembra dunque troppo impervio né innaturale il cammino che, partendo dal Cristo che inspira in noi l'amore con cui amiamo l'amico, sale verso il Cristo che ci offre se stesso come amico da amare» (II,20).

[118] W. KASPER, *Gesù il Cristo*, 271.

[119] Cfr. W. KASPER, *Gesù il Cristo*, 271-273.

[120] Cfr. W. KASPER, *Gesù il Cristo*, 281-283.

ha voluto aprire la strada verso il ristabilimento dell'originario equilibrio che faceva dell'uomo una personalità matura e integrata in tutti gli aspetti della sua personalità. È chiaro che, come ben sappiamo, rimangono gli effetti della concupiscenza nonostante il lavacro battesimale, tuttavia il costante riferimento a Cristo e la possibilità di camminare insieme alla sua umanità-divinità rendono capaci dell'accoglienza del dono redentivo. Dunque l'amicizia, proprio in quanto rientra nella logica dell'Incarnazione del Verbo, aprendosi e accogliendo il *Terzo* interlocutore nella relazione tra uomini, diviene occasione privilegiata per poter contemplare il disegno di Dio sull'umanità, iniziando a pregustare, seppur ancora in modo imperfetto, quella pienezza futura in cui non ci sarà più bisogno della succitata distinzione tra amicizia e amore perché Dio sarà tutto in tutti (cfr. 1Cor 15,28)[121].

«Cosa infatti si può dire di più sublime sull'amicizia, cosa di più vero, cosa di più utile se non dimostrare che essa nasce in Cristo, progredisce secondo Cristo, e da Cristo è portata a perfezione?» (I,10). Aelredo, attraverso questa domanda retorica, non fa altro che riportare l'attenzione al fatto che un'amicizia vissuta come l'ha intesa Cristo e vissuta in lui è un vero e proprio passo verso la perfezione cristiana in quanto «consiste nell'amore e nella conoscenza di Dio, così che un uomo, in virtù dell'amicizia che ha verso un altro uomo, diventa amico di Dio, secondo quanto dice il Signore nel Vangelo: *non vi chiamo più servi, ma amici miei*» (II,14). Ovviamente, il richiamo della citazione evangelica (cfr. Gv 15,15) mette in risalto anzitutto che è la chiamata di Dio a rendere possibile tale amicizia e proprio per questo la rende perfetta e in grado di accogliere l'universale umano nella singolare esperienza dei due amici. Quest'universale

> non consiste nel generalizzare un'esperienza, cioè nell'estendere progressivamente a tutti gli uomini ciò che è stato vissuto in un'esperienza privilegiata e singolare, ma nel comprendere l'universalmente umano in un caso unico. È questa l'autentica relazione tra amicizia e umanità: l'amicizia permette di trovare l'umanità non in estensione, ma in comprensione[122].

---

[121] «Questa è la grande e meravigliosa felicità che aspettiamo, quando Dio stesso diffonderà tra sé e le sue creature che ha esaltato, fra i vari ordini e i gradi in cui ha distinto le cose, fra le singole persone che ha scelto, tanta amicizia e tanta carità che ciascuno amerà l'altro come se stesso, e quindi ciascuno potrà godere dell'altrui felicità come della propria, e così la beatitudine dei singoli sarà di tutti, e la somma di tutte le beatitudini sarà dei singoli. Là non ci saranno più pensieri nascosti e amori finti. Questa è l'amicizia vera ed eterna, che comincia qui e si perfeziona lassù; che qui è di pochi, perché pochi sono i buoni; là sarà di tutti, perché tutti saranno buoni». (III,79-80).

[122] J. LACROIX, *Il senso dell'amicizia*, 115.

A questo punto appare chiaro che un'autentica esperienza di amicizia significa apertura all'alterità e a Cristo così che, rispondendo alla vocazione divina, possa entrare nella relazione con la sua perfetta umanità e divinità permettendo agli amici di conoscere, più approfonditamente, tanto le realtà divine quanto quelle umane perché è Cristo, maestro in umanità, a mostrare il vero volto dell'uomo[123] e, contemporaneamente, il volto di Dio[124]. In questo, la pedagogia del *Terzo*, è incredibilmente interessante. Gesù non è un teorizzatore dell'uomo e di Dio; non offre speculazioni filosofiche sull'essere amici, ma cammina insieme con l'uomo in questa esperienza. Questo è stato il suo modo di intendere l'amicizia con i Dodici, questo lo è ancora oggi, visto e considerato che è con noi «tutti i giorni, fino alla fine del mondo» (Mt 28,20).

Questa modalità, in cui il cammino della vita dispiega la verità e l'essenziale, inserisce l'amicizia in quel processo che la Tradizione sintetizza nella categoria teologica di *cristificazione*. Tale processo di far propri «i sentimenti che furono di Cristo Gesù» (Fil 2,5) trasforma la relazione al punto tale che il *Terzo* diviene una cosa sola con i due e non si pone come ostacolo ma come colui che offre solidità alla relazione e, contemporaneamente, la libertà di uno sguardo capace di andare sempre oltre[125]. La *cristificazione* si manifesta in quell'atteggiamento fondamentale e proprio di Gesù, vale a dire l'avere quale chiave interpretativa di ogni cosa l'amore del Padre.

> Questo fondamento è l'amore di Dio: a esso bisogna riportare tutto quanto l'amore o il sentimento suggeriscono, tutto quello che un qualche spirito segretamente sussurra, o un amico propone apertamente; e si deve stare molto attenti perché tutto ciò che si costruisce si trovi in sintonia con il fondamento, e tutto ciò che se ne discosta venga ricondotto al modello di base e sia corretto senza indugio a partire dalle caratteristiche del modello stesso (III,5).

---

[123] «Nell'amicizia io ho l'esperienza metafisica del valore dell'uomo e nessuna esperienza empirica può avere la meglio su essa». J. LACROIX, *Il senso dell'amicizia*, 116.

[124] «In realtà solamente nel mistero del Verbo incarnato trova vera luce il mistero dell'uomo. Adamo, infatti, il primo uomo, era figura di quello futuro (Rm 5,14) e cioè di Cristo Signore. Cristo, che è il nuovo Adamo, proprio rivelando il mistero del Padre e del suo amore svela anche pienamente l'uomo all'uomo e gli fa nota la sua altissima vocazione. Nessuna meraviglia, quindi, che tutte le verità su esposte trovino in lui la loro sorgente e tocchino il loro vertice. Egli è "l'immagine dell'invisibile Dio" (Col 1,15). Egli è l'uomo perfetto che ha restituito ai figli d'Adamo la somiglianza con Dio, resa deforme già subito agli inizi a causa del peccato. Poiché in lui la natura umana è stata assunta, senza per questo venire annientata per ciò stesso essa è stata anche in noi innalzata a una dignità sublime». GS 22.

[125] Cfr. J.-M. GUEULLETTE, *Tra noi, il Cristo*, in M. WIRZ, ed., *L'avventura dell'amicizia*, 164.

Appare evidente che tale processo di conformazione ai sentimenti di Cristo richiede un attento discernimento degli affetti e delle motivazioni, affinché tale amicizia possa essere fondata sul vero Amico. Proprio per questo, Aelredo sostiene che non bisogna accogliere nella propria amicizia una persona che prima non sia stata messa alla prova: infatti, se non sarà in grado di garantire quella stabilità capace di far pregustare l'eternità, il rapporto rischierebbe di seguire vaghe impressioni e passare da amico ad amico in modo piuttosto adolescenziale. Ovviamente la misericordia deve caratterizzare sempre il rapporto anche dinanzi agli errori, purché non se ne perda quell'amore di Dio che possiamo definire, con la teologia morale, *opzione fondamentale*; bisogna tollerare l'altro e camminare insieme a lui (cfr. III,6-7), come d'altronde ha fatto lo stesso Cristo con i Dodici. Questa *opzione fondamentale* si manifesta certamente nelle quattro caratteristiche che animano un vero rapporto di amicizia, e che dunque dicono un'effettiva *cristificazione* della relazione, in quanto vissute da Cristo stesso: la fedeltà, l'intenzione, il criterio e la pazienza.

La fedeltà. «Dell'amicizia è nutrice e custode. La fedeltà è sempre uguale a se stessa, nella buona e nella cattiva sorte, nelle ore liete e in quelle tristi, nelle gioie e nelle amarezze» (III,62). Lo stesso Cristo si è mantenuto costantemente fedele alla dialettica tra amicizia umana e fondamento in Dio, nelle gioie condivise ma anche nel momento della passione con i passi vacillanti dei discepoli.

L'intenzione. «Ci sono infatti molti che nelle cose umane ritengono buono solo ciò che dà un guadagno visibile nel tempo» (III,68). Ovviamente questa è l'intenzione erronea, quella di sperare un vantaggio e di *sfruttare* l'altro per ricavarne qualcosa. Per comprendere come deve essere quest'intenzione Aelredo richiama l'insegnamento di Gesù sull'amare il prossimo come se stessi (cfr. Mt 22,39):

> forse perché ti vuoi bene esigi che questo ti venga ricompensato? Certamente no, perché è proprio nella natura delle cose voler bene a se stessi. Ne consegue che, se non trasferirai questo stesso affetto in un altro, amando l'amico gratuitamente, solo perché ti è caro per se stesso, non potrai gustare il sapore della vera amicizia (III,69).

Gesù ha amato l'amico senza alcuna pretesa di ricavarne un vantaggio personale, ma l'unico vantaggio che ha sperato è stato, ed è, l'incontro con l'Amore del Padre.

Il criterio. «È abbastanza facile dimostrare che nell'amicizia questa virtù è necessaria: se uno ne è privo, è come una nave sballottata in un movimento frenetico e capriccioso» (III, 72). Aelredo, attraverso questa immagine, sottolinea come il criterio sia uno degli aspetti fondamentali del rapporto di amicizia perché, senza di esso, si rischia di entrare in una grande confusione incapace di saper dare il giusto valore agli atteggiamenti e alle parole. Infatti, coloro che non hanno criterio «confondono tutto, e non sanno dove, quando, e a chi convenga rivelare o nascondere le cose» (III,72), a differenza di Cristo che non esitava a scegliere pochi intimi per rivelare i misteri del Padre e a riconoscere pienamente le intenzioni e le disposizioni reali dei suoi interlocutori[126].

La pazienza. «Non devi per questo rinunciare subito alla scelta e all'amicizia che ti eri proposto, almeno fino a che brilla una speranza di correzione» (III,74). Aelredo sottolinea che nonostante i possibili atteggiamenti che, di per sé, incrinano un'amicizia, bisogna avere quella prudente pazienza capace di sperare, fino all'ultimo, un ravvedimento dell'altro. È la pazienza di Gesù che non ha mai interrotto il legame con coloro che, pur tradendo la sua fiducia in vari modi, sono diventati degli amici perfetti grazie a questo modo di rapportarsi del Maestro.

Vivere questi quattro criteri nell'amicizia significa aprire la strada all'accoglienza del *Terzo*, alla *cristificazione* delle persone coinvolte nella relazione al punto tale che, mossi dagli stessi sentimenti del Signore, possano giungere ad esclamare con san Paolo: «non sono più io che vivo, ma Cristo vive in me» (Gal 2,20). Tuttavia, come già detto precedentemente, questo processo non annulla la propria singolarità, in quanto i sentimenti di Cristo vanno ad abitare la personalità del soggetto, che, pur rimanendo se stesso con le sue caratteristiche e i suoi doni, fa propria quella chiave di lettura della realtà che fu di Cristo Gesù. Si può spiegare questo parafrasando l'esempio riportato da Lewis riguardo al grande valore dell'amicizia:

> Lamb dice, non ricordo con precisione a che proposito, che se di tre amici (A,B, e C) A dovesse morire, allora B perderebbe non soltanto A, ma anche "la parte di A in C", mentre C perderebbe non soltanto A, ma anche "la parte di A in B". In ciascuno dei miei amici c'è qualcosa che solo un altro amico sa mettere pienamente in luce. Da solo non ho la grandezza sufficiente per stimolarlo ad agire al meglio delle sue possibilità; ho bisogno di altre luci, a sostegno della mia, per illuminare tutte le sue sfaccettature. Ora che Charles è morto, non vedrò più le reazioni di Ronald a una tipica battuta "da Charles". Non è affatto vero che ora che Charles se n'è andato Ronald è più mio, in quanto è tutto "per me"; la verità, semmai, è che ora ho meno anche di Ronald[127].

Associato all'esempio appena citato, Gal 2,20 potrebbe essere inteso nel senso che l'amicizia vera, e quindi quella in Cristo, è sempre portatrice di una rivelazione unica che non potrebbe realizzarsi senza la presenza specifica delle persone coinvolte. Se gli amici A, B e C, fossero due credenti e

[126] Cfr. Mc 5,37; 9,2; 13,3; 14,33; Mt 17,1; Lc 8,51; Lc 9,28.

[127] C.S. LEWIS, *I quattro amori*, 62.

Cristo, significherebbe che la parte di Cristo vive pienamente in ognuno di loro, rivelando così alcune delle sfumature proprie di Dio. Potremmo leggere tutto questo pensando alla morte come un abbandonare la vera amicizia, come un rifiutare quella *opzione fondamentale* che permette di riuscire a leggere insieme la realtà per compiere un cammino verso la piena realizzazione in Cristo. Per questo, una vera amicizia è sempre una teofania di Dio, perché attraverso la buona e santa disposizione dei singoli e con il sostegno della grazia, Dio si rende presente «perché dove sono due o tre riuniti nel mio nome, io sono in mezzo a loro» (Mt 18,20).

CAPITOLO III

Dossologia dell'amicizia

Parafrasare la dossologia della Liturgia eucaristica[128] non è di semplice pertinenza al nostro tema, ma un atto dovuto: infatti, come già precedentemente affermato, cosa «si può dire di più sublime sull'amicizia, cosa di più vero, cosa di più utile se non dimostrare che essa nasce in Cristo, progredisce secondo Cristo, e da Cristo è portata a perfezione?» (I,10). A questo punto, non sembra poi tanto ardito affermare che l'invito a vivere per Cristo, con Cristo e in Cristo può essere tradotto con vivere *per amicizia, con amicizia e in amicizia*, in quanto è Cristo stesso colui che solo può rendere sublime, perfetta e vera tale relazione affettiva. Inoltre, la Liturgia eucaristica è celebrazione dell'amicizia: infatti, «nessuno ha un amore più grande di questo: dare la vita per i propri amici» (Gv 15,13) e proprio lì dove si offre Cristo stesso, nel pane e nel vino, non è possibile dimenticare queste parole evangeliche e amichevoli.

Il presbitero è l'uomo dell'Eucaristia ed è l'uomo che, chiamato «ad accrescere la gloria di Dio e nello stesso tempo a far progredire gli uomini nella vita divina»[129], può in modo eminente far splendere il valore dell'amicizia quale possibilità di incontro con Dio e quale opportunità per recuperare la bellezza originaria alla quale ogni uomo è chiamato. Come l'Eucaristia è il cibo quotidiano del quale si nutre per crescere nella propria adesione a Cristo, anche l'amicizia accompagna il processo formativo permanente del prete nelle vicende in cui si trova immerso, allo scopo di raggiungere sempre più la *cristificazione* desiderata. In tutto questo la scelta del celibato per il Regno, la relazione con coloro che condividono il ministero e il vivere immersi nella vita di fede attraverso la preghiera risultano

---

[128] «Per Cristo, con Cristo e in Cristo, a te, Dio Padre onnipotente, nell'unità dello Spirito Santo, ogni onore e gloria per tutti i secoli dei secoli». CEI, *Messale romano*, 392.

[129] PO 2.

essere delle notevoli possibilità di crescita nell'amicizia spirituale. Non tutti hanno tante opportunità e questo si trasforma anche in una responsabilità per il presbitero, chiamato ad annunciare la bellezza della fede e a contagiare, con la sua stessa vita, il desiderio più profondo che abita ogni uomo: vivere per Cristo, con Cristo e in Cristo.

1. **Amici per Cristo**

La preposizione *per*, nel nostro discorso, sta ad indicare il motivo vitale che fonda l'amicizia. L'amicizia può essere fondata su molteplici realtà: sull'ideologia, sulla condivisione di interessi e passioni quali lo sport o l'arte, oppure può essere fondata sul semplice bisogno di colmare la propria solitudine. Ma, come si può notare, stiamo parlando di un'amicizia decisamente lontana da quella proposta da Aelredo di Rievaulx in quanto, nei casi appena menzionati, l'affetto che lega le persone è mosso principalmente da un vantaggio: essere amico di, *per* ottenere o soddisfare qualcosa che mi interessa[130]. Nella vita del presbitero, chiamato a stare con l'Amico Cristo, tale amicizia sarebbe sintomo di una povertà spirituale e umana, e proprio per questo a noi interessa parlare di un'amicizia in cui la preposizione *per* non indica un motivo, ma una Persona: Cristo, il Figlio di Dio che ha svelato cosa significa essere veri amici. Essere amici per Cristo allora significa porsi in un continuo dialogo aperto alle novità della Rivelazione e alle mozioni dello Spirito Santo; significa rendersi disponibili ad essere plasmati della stessa sensibilità di Cristo.

Come già anticipato nell'introdurre il capitolo, un grande aiuto in questa amicizia è la scelta del celibato[131]. Il celibato è per il Regno, ma come ben sappiamo il Regno è la presenza di Cristo stesso: dunque, il celibato è per Cristo, per vivere Cristo. L'amicizia per Cristo non può che essere avvalorata da tale realtà capace di preparare un terreno fertile alla relazione perché, vissuto nel suo valore di donazione, offre la possibilità di crescere nel rispetto altrui, nella prudenza, nella cautela, nell'attesa e nella libertà: caratteristiche fondamentali per la nascita e lo sviluppo di una vera amicizia. Ta-

---

[130] «Ricevi, ti dico, un consiglio da amico, che non cerca il proprio interesse ma il tuo onore. Nessuno infatti ti può consigliare più fedelmente di chi non ama le tue cose, ma proprio te». SAN BERNARDO, *Lettera 354. Alla regina di Gerusalemme Melisanda, Figlia del re Baldovino e moglie di Folco*, 413. «Gli amici possono anche costruire qualcosa insieme – se non altro se stessi –, ma l'amicizia è incentrata sulla persona, non sull'opera». J. LACROIX, *Il senso dell'amicizia*, 113.

[131] Ovviamente, attraverso il discorso che seguirà, non si vuole affermare che senza il celibato non vi è amicizia, infatti in ogni vocazione si pone necessario ricercare quegli elementi capaci di valorizzare tale relazione. Tuttavia, nella vita di un prete, il celibato è una grande opportunità da valorizzare nel migliore dei modi.

le *status* ricorda l'importanza dell'«aver un equilibrio interiore prima di poter andare incontro all'altro. Altrimenti uso l'amico per poter vivere. Ma l'amicizia non deve essere usata, altrimenti corre facilmente il rischio che se ne abusi»[132]. In tutto questo appare evidente che, nella vita di un presbitero, solo un celibato ben integrato[133], liberamente scelto, desiderato e appassionato risulti essere in grado di poter garantire una vera relazione di amicizia, altrimenti compromessa da un'infelicità tendente a cercare compensazioni, anche nelle relazioni. Costruire una vera amicizia, allora, significa lasciarsi formare negli affetti e conoscersi intimamente, nella bellezza come nella povertà, senza paura, consapevoli che il veicolo per tale formazione è proprio l'amicizia stessa, purché sia per Cristo: infatti, forti delle parole dell'apostolo Paolo secondo il quale *è nella debolezza che si manifesta la vera forza* (cfr. 2Cor 12,9-10), si giunge alla consapevolezza che

> le debolezze che mostro all'amico non mi impediscono di vivere, anzi mi rendono più vivo. Mi appartengono. Mi è consentito percepirle e intuire in esse qualcosa del mio autentico valore. Soprattutto le mie debolezze mi aprono all'amicizia. Attraverso di esse l'amicizia si fa più viva e intensa[134].

La valenza che tale discorso ha nel contesto della formazione permanente è estremamente interessante in quanto, il mostrare queste debolezze all'amico non risulta possibile se non ci si rende conto del proprio essere amabili e quindi del proprio essere amichevoli[135]. Il dono del celibato ricorda proprio questa realtà profonda della persona che, chiamata da Cristo ad una scelta di totale donazione nell'amore, non può non rendersi conto della propria amabilità. Il celibato è, senza alcun dubbio, orientato alla vita

---

[132] A. GRÜN, *Il breve libro dell'amicizia*, 39.

[133] Per celibato ben integrato si intende l'aver portato a maturazione la sessualità nell'affettività, esprimendo così una vera capacità di amare: conoscenza empatica dell'altro nell'accettazione incondizionata e non relativa ai propri bisogni; farsi responsabile del valore altrui, attraverso la cura e la preoccupazione per lo sviluppo autentico delle persone; autonomia e sicurezza personale nella consapevolezza del proprio essere stimabile. Tutto questo è accompagnato da una sequenza ben precisa: non reprimere ciò che si prova; non ignorare con angelismi o idealismi la propria sessualità; non lasciare allo stato brado i propri impulsi, seguendo la sola logica del piacere; riconoscenza e accettazione della sessualità quale realtà positiva e a servizio dell'amore; canalizzazione delle energie sessuali nella capacità di amare (grazie anche ad un'ascesi equilibrata); investire secondo il progetto di vita le proprie energie sessuali. Cfr. G. SOVERNIGO, *Poter amare. Maturazione sessuale e scelte di vita*, 49-57.

[134] A. GRÜN, *Il breve libro dell'amicizia*, 20.

[135] «E invece, quale felicità, quale sicurezza, quale gioia avere uno "con cui tu abbia la libertà di parlare come a te stesso", uno cui poter senza timore confidare i tuoi sbagli, uno al quale poter rivelare senza arrossire i tuoi progressi nella vita spirituale, uno cui affidare tutti i segreti e i progetti del tuo cuore» (II,11).

casta, cioè a quella vita dipendente dal modo in cui Dio guarda l'uomo. Tutto questo è fondamentale nel discorso sull'amicizia in quanto solo chi fa esperienza di essere amato riesce a trasformare le proprie relazioni in vere amicizie: infatti, chi si scopre destinatario di tanto amore divino comincia a scoprire che anche gli altri sono amabili. Giocando con l'etimologia della parola tedesca *Freundschaft* (*avere cura*), Grün afferma che

> solo quando ho cura di me stesso l'amico sentirà che può starmi vicino senza venire continuamente ferito. Ho cura di me quando smetto di giudicarmi e di disprezzarmi. Ho cura di me quando mi tratto con cautela e attenzione. Solo in uno spazio protetto un fiore delicato può crescere e sbocciare[136].

Questo spazio è custodito proprio dal celibato, il quale è capace di proteggere da vizi e meschinità la relazione d'amicizia, evitando l'egocentrismo e valorizzando le relazioni in sé; è scoperta dell'amicizia quale riconoscimento di singolarità e unicità: la propria e quella altrui[137].

In tutto questo allora bisogna comprendere bene che l'amicizia non è uno strumento d'aiuto per poter vivere il celibato, ma al contrario è proprio il celibato lo strumento capace di far vivere in pienezza l'intimità dell'amicizia: infatti, «ha uno scopo, questa amicizia, o non è invece essa stessa il proprio scopo? L'amicizia è un fine o un mezzo? L'amicizia è un paradosso spirituale che avvicina a Dio avvicinandoti a un cuore»[138].

Per poter entrare pienamente in tale paradosso, si pone necessaria una certa educazione del cuore, capace di esprimersi in un *attaccamento distaccato*, dove il pudore, la fedeltà, il tempo e la *presenza-assenza* hanno un modo di esprimersi decisamente diverso dalla relazione d'amore tra uomo e

---

[136] A. GRÜN, *Il breve libro dell'amicizia*, 43.

[137] Cfr. X. LACROIX, *Elogio dell'amicizia*, in M. WIRZ, ed., *L'avventura dell'amicizia*, 10.

[138] E. RONCHI, *I baci non dati*, 28-29. «L'amicizia [...] ha valore in se stessa, è voluta dal sentimento del cuore umano, così che il "frutto" e il premio che ne derivano altro non sono che l'amicizia stessa» (I,45). Sulla stessa linea si potrebbe leggere quanto affermato da Giussani che, seppur in riferimento alla relazione coniugale, può chiarire ancora di più questo incontrare Dio nell'amico: «Se un uomo vuol bene a una donna e pensa queste tre cose: *primo*: di che cosa è fatta questa donna? Non si fa lei, perciò è fatta di Essere, è fatta di Cristo – perché l'Essere è diventato uomo: l'Essere, in quanto ha fatto il mondo, si chiama Verbo e il Verbo si è fatto uomo –. *Secondo*: chi me l'ha fatta incontrare? Il padrone della storia è Cristo, perciò ogni istante è Cristo che lo decide, perciò è Cristo che me l'ha fatta incontrare. E, *terzo*: è Cristo la vita eterna, cioè l'eternità di questo rapporto. Quando uno pensa queste tre cose è come se non pensasse più a lei, alla fine non si trova più a pensare alla sua donna, ma si trova pieno di commozione, di tenerezza, di gratitudine a Cristo. Così la partenza è dalla sua donna e l'arrivo è l'eternità, il destino della sua donna». L. GIUSSANI, *«Tu» (o dell'amicizia)*, 136.

donna: il pudore richiama il rispetto sacro della propria e altrui intimità; la fedeltà non abbisogna di dichiarazioni pubbliche perché, parlando di amicizia vera, è una realtà implicita; il tempo e la *presenza-assenza* sono vissuti sempre nel loro risvolto positivo e, assai spesso, non richiede quella morbosità propria degli amanti, spesso incapaci di concepire la possibilità dell'assenza[139]. Tutto questo risulta fondamentale in quanto permette di mantenere quella distanza capace di non trattare l'altro come un oggetto, ma come un soggetto libero. Ecco allora che «l'amico è colui che io pongo come distante da me e al quale mi unisco in quella distanza stessa e attraverso di essa»[140]: non è forse il celibato stesso ad offrire l'occasione della giusta distanza per poter cogliere la persona nella sua interezza ontologica? Ma per poter giungere a tale consapevolezza è necessario un cammino personale di crescita, un cammino che certamente dura tutta la vita ma che, proprio per questo, non può portare la persona ad adagiarsi su affermazioni del tipo: *con il tempo maturerò*. La formazione permanente deve aiutare e stimolare il desiderio di approfondire sempre di più la propria scelta celibataria, per far si che con il passare del tempo, tale scelta si rinnovi di giorno in giorno, senza alcun pentimento e, soprattutto, che da essa si sprigioni il vero motivo di tale *status*: la capacità di *amare fino alla fine*.

Ora, dato che nell'amicizia vi è qualcosa di universale e qualcosa di singolare, cioè «la scoperta della nozione universale di alterità nell'esperienza singolare di un'alterità individuata»[141], l'amicizia vera, rafforzata dal celibato per Cristo, diviene occasione di formazione permanente in quanto è la stessa qualità della relazione ad essere auto-formativa: infatti, le proprie e altrui debolezze si trasformano nella ricchezza di chi sa di poter contare su uno sguardo amico che ricorda la propria amabilità. Inoltre, considerato che lo scopo della formazione cristiana (e quindi della formazione permanente del presbitero) riguardano la conformazione a Cristo, l'amicizia per Cristo si svela quale il più efficace dei metodi formativi: un metodo che forma formando.

2. **Amici con Cristo**

L'amicizia di cui vogliamo parlare ora riguarda quella che nasce e si sviluppa tra presbiteri. La ricchezza di tale relazione è costituita dalla condivisione del ministero e da una scelta orientata dallo stesso desiderio, pur nelle grandi differenze che ogni specifica persona porta con sé nella missione alla quale è chiamata. È proprio questa condivisione fondamentale che può

---

[139] Cfr. X. LACROIX, *Elogio dell'amicizia*, 29-32.
[140] J. LACROIX, *Il senso dell'amicizia*, 111.
[141] J. LACROIX, *Il senso dell'amicizia*, 111.

facilitare l'amicizia con Cristo, e cioè la possibilità di mettersi alla presenza del *Terzo*. Tuttavia, è profondamente doloroso dover costatare che, in alcuni casi, vi sono dei presbiteri che non riescono ad avere amicizie vere tra loro (quindi fondate su tutto il valore che abbiamo inteso fino ad ora per amicizia vera) ed è altrettanto triste accorgersi che proprio questi ministri soffrono una grande solitudine e un rapporto negativo con se stessi e le persone loro affidate[142].

Per meglio comprendere il valore di questa amicizia con Cristo, è necessario comprendere il concetto di *communicatio* che, seguendo il pensiero di Tommaso d'Aquino, consiste in una *comunione di forme*[143]. Tale concetto

> deve essere inteso come un insieme o un convergere in una stessa forma o perfezione. La parola *communicatio* è usata per tradurre la parola greca *koinonìa* [...]. In questo senso *communicatio* significa unione, somiglianza. Ed è ciò il fondamento dell'amicizia, perché costituisce una certa unità e l'amicizia è comunione. Infatti, l'unione di due esseri che possiedono la stessa forma li unifica in questa forma stessa[144].

L'amicizia con Cristo, dunque, si pone come una forma specifica dell'amicizia capace di tradursi in una comunione di vita tra uomini che, attingendo alla vita divina, sono da Dio istruiti e plasmati: infatti, maggiore risulta essere la comunione di vita con Cristo, maggiore risulta il livello di amicizia raggiunto[145]; ecco perché l'amicizia è, al contempo, possibilità di esperienza dell'amore di Dio e scoperta arricchente per la propria e altrui persona[146]. Non è un caso che tale comunione di vita risulti essere una delle esigenze più profonde che avvertono i giovani aperti al discorso vocazionale, i quali guardano al sacerdozio ministeriale come possibilità di donare la propria vita a Cristo e ai fratelli. Tuttavia, spesso è proprio la vita del presbitero diocesano in particolare a spaventare per la sua *indole solitaria*. Ora, è evidente che tale realtà non corrisponde affatto alla sua natura, ma tali perplessità potrebbero essere sfatate se si vivesse un'amicizia con Cristo: un giovane potrebbe così essere accompagnato nel suo cammino vocazionale attraverso la semplice testimonianza di una comunità di amici, in cui la presenza di Dio risulti essere la roccia indistruttibile sulla quale è costruito il proprio edificio umano[147]. Questo piccolo accenno alla pastorale

---

[142] «Gli psicologi possono testimoniare che le persone prive di amici soffrono molto di più per i colpi di sfortuna e le crisi esistenziali. Talvolta non riescono più a superare l'esperienza di un profondo dolore». A. GRÜN, *Il breve libro dell'amicizia*, 19.
[143] Cfr. M. CAVANI, *La carità come amicizia*, 38-45.
[144] M. CAVANI, *La carità come amicizia*, 41.
[145] Cfr. M. CAVANI, *La carità come amicizia*, 45.
[146] Cfr. G. CUCCI, *La forza dalla debolezza*, 285.
[147] Cfr. G. CUCCI, *La forza dalla debolezza*, 291; Cfr. Mt 7,24-27.

vocazionale è importante in quanto lì dove vi sono testimoni gioiosi e appassionati, inevitabilmente viene facilitato il processo di apertura dei giovani alla chiamata divina; al contrario, è impossibile che un ministro affettivamente instabile, dunque incapace di avere veri amici, possa favorire tale apertura. Infatti, come giustamente annota Aelredo di Rievaulx:

> niente possiamo desiderare di più santo, niente si può cercare che sia più utile, niente è più difficile da trovare, niente si può sperimentare di più dolce, niente è più ricco di frutti. L'amicizia infatti porta i suoi frutti nella vita presente e in quella futura. Essa condisce con la sua soavità tutte le virtù, seppellisce i vizi con la sua forza, addolcisce le avversità, modera la prosperità, così che senza un amico quasi niente tra le creature umane può essere fonte di gioia. Un uomo senza amici è come una bestia, poiché non ha chi si rallegri con lui quando le cose gli vanno bene, o condivida la sua tristezza nei momenti di dolore; gli manca uno con cui sfogarsi quando la mente è angustiata per qualche preoccupazione, o qualcuno cui poter comunicare qualche intuizione geniale o più luminosa del solito. Guai a chi è solo, perché se cade non ha chi lo sollevi. È nella solitudine più totale colui che è senza amici (II,9-11).

Essere amici con Cristo allora significa iniziare a cogliere l'operare del Signore in se stessi e nei fratelli, significa scoprire sempre più quell'immagine e somiglianza divina che abita ogni uomo incontrato: realtà che l'amicizia svela sempre più nel raccontarsi di ogni storia umana e nel trascendersi della relazione. A partire da questo, possiamo definire l'amicizia «come il reciproco compiacimento di due persone che si accettano in profondità in vista di una piena realizzazione vicendevole»[148]: accettazione che conduce nelle zone più profonde della personalità aiutando a scoprire e a rinnovare la presenza del *Terzo* e, ancora, portando le persone coinvolte nella relazione ad una comunione spirituale capace di lasciarsi guidare dagli insegnamenti propri del Cristo[149].

Proprio per questo la formazione deve facilitare la crescita affettiva attraverso amicizie sane ed equilibrate, amicizie con Cristo. Senza queste amicizie non può esserci nessun tipo di formazione permanente e nessuno studio fecondo sulla vita del prete. Le parole citate del grande abate di Rievaulx sono di grande attualità in un contesto in cui la solitudine e la depressione divagano notevolmente nella società e, dunque, rischiano di colpire anche i presbiteri. Ora, dato che la maturità personale si esprime nella capacità di trascendersi e la maturità relazionale si manifesta nel vivere le relazioni in modo trascendente, appare evidente che non basta aver raggiunto un certo tipo di maturità umana per poter vivere in pienezza l'amicizia, ma si avverte la necessità di una maturità *divinamente umana*, quella del Verbo

---

[148] C.A. BERNARD, *Teologia affettiva*, 307.
[149] Cfr. C.A. BERNARD, *Teologia affettiva*, 307.

incarnato, cioè di una conformazione a Cristo in una vita consapevole di essere sempre alla presenza di Dio[150].

Tutto questo coglie lo scopo principale della formazione permanente: crescere progressivamente nell'adesione a Cristo, nell'attesa di essere totalmente e perennemente con lui lì dove l'amicizia non conoscerà più i limiti umani ma sarà perfetta[151]. Tale pienezza, tuttavia, può essere già pregustata nel cammino presente e può aiutare la persona a cogliere, seppur in maniera ancora imperfetta, tutta la ricchezza del disegno divino che chiama alla felicità eterna. L'amicizia con Cristo si rivela allora come un assaggio di paradiso, un assaggio che rende più spedito il cammino e del quale, proprio per questo, la formazione permanente deve necessariamente prendersi cura.

3. Amici in Cristo

In virtù del suo carattere libero, intimo e trascendente, la preghiera può essere considerata un vero e proprio rapporto di amicizia con Colui che è la fonte dell'amore[152]. Partendo da questa consapevolezza, desideriamo sottolineare l'importanza dell'amicizia in Cristo attraverso la preghiera, realtà in grado di nutrire e alimentare la formazione permanente del presbitero: essa, infatti, ha la capacità di rendere qualitativamente migliore la relazione amicale tra uomini, partendo proprio dalla proposta di amicizia ricevuta da Dio. A proposito della preghiera, Rahner ritiene che questa sia «l'azione più decisiva della nostra vita»[153]: d'accordo con l'autore, possiamo affermare che sia essa a permettere all'amicizia di essere veramente in Cristo, a far sì che il modo di relazionarsi di Gesù con i suoi diventi anche il modo di relazionarsi degli amici. Abbiamo già citato quanto Aelredo afferma sulla preghiera fatta in nome dell'amicizia e quanto questo tipo di preghiera riesca a far crescere nell'amore di Cristo (cfr. III,133); tuttavia, ora si vuole cogliere anche il processo inverso, e cioè quello che, a partire dall'amore divino, riesce a far amare in modo più eminente l'amico[154], processo possi-

[150] Cfr. M. CAVANI, *La carità come amicizia*, 104-105.

[151] Infatti «questa amicizia, alla quale ora ammettiamo solo pochi, sarà trasfusa in tutti, e da tutti rifluirà su Dio, quando Dio sarà tutto in tutti» (III,134).

[152] «Per me l'orazione mentale non è altro se non un rapporto d'amicizia, un trovarsi frequentemente da soli a soli con chi sappiamo che ci ama». TERESA D'AVILA, *Libro della vita*, 8,5, 136, in ID., *Opere complete*.

[153] M. MARIANI, *Credo perché prego. Ritratto inedito di Karl Rahner*, 82.

[154] Con questo discorso risulta chiaro che è impossibile amare Cristo senza l'amicizia, come anche essere veri amici senza amare Cristo. «Non sembra dunque troppo impervio né innaturale il cammino che, partendo dal Cristo che inspira in noi l'amore con cui amiamo l'amico, sale verso il Cristo che ci offre se stesso come amico

bile perché la preghiera riguarda tutta la vita e tutte le dimensioni della persona e non solo una parte relegata a determinati momenti o contesti.

Così, lasciandoci illuminare dalla sapiente considerazione che «un amico vuol bene sempre» (Pr 17,17), e ribadendo la profonda unione tra amicizia e preghiera, risulta decisamente interessante approfondire tale legame a partire dalla nota affermazione paolina: «pregate incessantemente» (1Ts 5,17). L'Apostolo delle genti invita a «pregare giorno e notte, nella gioia e nel dolore, lavorando o giocando, senza interruzioni né pause. Per Paolo pregare è come respirare. Non si può interrompere senza correre un pericolo mortale»[155], e questa interruzione, qualora dovesse avvenire, comporterebbe, senza alcun dubbio, anche la morte dell'amicizia. Dunque, per vivere un'amicizia capace di *dare la vita* risulta necessario nutrirsi incessantemente della preghiera. Questo *incessantemente* potrebbe spaventare e apparire impossibile, ma in realtà è alla portata di ogni cristiano, in quanto è da intendersi come possibilità di conversione dei *continui processi di pensiero*. Partendo dal presupposto che la nostra mente è continuamente impegnata ad elaborare pensieri, trasformare questi processi in preghiera comporta la capacità di un'incessante orazione in grado di toccare tutte le dimensioni della persona, perché tutte le nostre passioni e le nostre relazioni sono intimamente connesse con i nostri pensieri, consci oppure inconsci[156]. Dunque, compiere tale conversione, facendo dei nostri pensieri una realtà in Cristo, significa iniziare ad assumere il punto di vista di Dio, mettendo a fuoco il mondo interiore e quello circostante alla luce della sua sapienza creatrice ed amorevole. Questa conversione, consistente nell'essere radicati in Cristo, è una preghiera capace di far sì che «tutti i nostri pensieri – belli o brutti, alti o bassi, fonte di orgoglio o di vergogna, di dolore o di gioia – possono essere pensati alla presenza di Dio»[157]. Proprio per questo, è una conversione che deve essere necessariamente oggetto dei processi formativi dei presbiteri: infatti, non possiamo immaginare un uomo maturo a livello umano (dunque anche spirituale) senza la minima integrazione dello sguardo divino su se stesso e sugli altri e, a partire da questa eventuale assenza, non risulta plausibile nemmeno immaginarlo capace di stringere vere amicizie. Ecco allora che convertire i *continui processi di pensiero* in Cristo renderà la persona capace di scoprirsi amata da Dio; capace di valorizzare ogni incontro con l'altro, riuscendo a percepirlo come dono, guardarlo con lo sguardo di Dio, considerarlo soggetto amichevole (partendo

---

da amare: così si aggiunge incanto a incanto, dolcezza a dolcezza, affetto ad affetto» (II,20).

[155] H.J.M. NOUWEN, *I clown di Dio*, 94.

[156] Cfr. H.J.M. NOUWEN, *I clown di Dio*, 97-98.

[157] H.J.M. NOUWEN, *I clown di Dio*, 107.

dall'esperienza personale di aver ricevuto a propria volta un immeritato dono dalla grazia divina).

A tal motivo, la recita di formule e la celebrazione dei sacramenti, pur nella loro validità intrinseca, non risultano in grado di plasmare il cuore della persona, se quest'ultima non si immerge nei sentimenti del Figlio[158]. Allora diviene necessario promuovere una preghiera che sia capace di un contatto veramente personale con Cristo: nell'ascolto silenzioso della Parola; attraverso periodici tempi di silenzio, meditazione e contemplazione; ma, anche, attraverso la condivisione della propria vita spirituale, del proprio rapporto con Dio. È proprio qui che l'amicizia tra presbiteri può trarne il maggior frutto: infatti, la preghiera diviene oggetto della condivisione amicale in cui, i due rapporti personali con Cristo diventano una sola preghiera condivisa alla presenza del *Terzo*. È così che, quando si ascolta la preghiera dell'altro e quando si viene a conoscenza dell'esperienza spirituale dell'amico, ci si inoltra con rispetto nella sua intimità e, in qualche modo, le sue parole iniziano a smuovere anche l'interiorità del primo, attraverso una serie di risonanze. Condividere tutto questo permette di poter aiutare l'altro a leggere l'agire di Dio nella propria vita, a rendersi conto della presenza divina in ogni situazione, facilitando così l'essere incessantemente alla presenza di Cristo.

È proprio nella condivisione della propria preghiera che, leggendo la presenza di Dio nella propria storia, anche le relazioni ne escono fortificate in tutta la loro verità e bellezza: c'è, infatti, una continua reciprocità tra amicizia e preghiera e senza questo continuo incontro rimarrebbero entrambi ad uno stadio puerile, non riuscendo a gustare appieno il grande dono della vita in Cristo.

Le parole di Gesù relative all'importanza e all'efficacia della preghiera comune – «se due di voi sopra la terra si accorderanno per domandare qualunque cosa, il Padre mio che è nei cieli ve la concederà» – (Mt 18,19) sembrano affermare proprio la forza di tale realtà nel rendere salda, nella presenza del *Terzo*, la relazione d'amicizia, «Perché dove sono due o tre riuniti nel mio nome, io sono in mezzo a loro» (Mt 18,20). In tal senso, una

---

[158] Non è raro trovare uomini e donne che, pur essendo costantemente inginocchiate nei banchi delle Chiese, non riescono a dire parole benedicenti sulle persone incontrate, vivendo in una grande solitudine e in una profonda infelicità. Nel caso del prete, l'importanza della preghiera per la sua vita, «spiega perché con la consacrazione egli si è assunto pure l'obbligo della recita delle ore. Ma se si pensa che ciò basti, ci si sbaglia di grosso. Per quanto importante sia la preghiera del breviario, ciò vive solo se è fondato sul pregare *personale*. Un'orazione che non sia prolungata, incessante, personale diventa un insieme di formule vuote e morte, un mero dovere da assolvere (cui pensiamo, forse, "quando ci sta a cuore qualcosa")». G. GRESHAKE, *Essere preti in questo tempo. Teologia – Prassi pastorale – Spiritualità*, 454.

preghiera incessante e forte del legame d'amicizia sarà in grado di essere costantemente alla presenza di Cristo: infatti, l'amicizia non necessita della continua presenza fisica per poter pregare insieme né di un accordo preventivo, ma, essendo per sua natura tesa alla condivisione – in quanto «tutti coloro che sulle cose divine e umane si trovano in sintonia di parere e di volontà, e vivono un'unità fatta di benevolenza e carità, hanno raggiunto la perfezione dell'amicizia» (I,13) – si troverà sempre nella condizione di portare le persone coinvolte nella relazione ad essere riunite nel nome del Figlio di Dio.

4. **Una virtù teologale**

A questo punto non resta che concludere questa breve riflessione sulla *dossologia* dell'amicizia osservando il suo legame con la virtù teologale della carità che conosce quale suo culmine proprio la perfezione dell'amicizia. Proprio per questo ritengo di poter prendere in prestito, parafrasandola, una delle pagine paoline più belle: l'inno alla carità. Mi permetto questa traduzione libera forte del fatto che l'amicizia stessa è la più alta forma di carità[159] e, quindi, di realizzazione personale e comunitaria:

> Se parlassi le lingue degli uomini e degli angeli, ma non avessi *l'amicizia*, sarei come bronzo che rimbomba o come cimbalo che strepita. E se avessi il dono della profezia, se conoscessi tutti i misteri e avessi tutta la conoscenza, se possedessi tanta fede da trasportare le montagne, ma non avessi *l'amicizia*, non sarei nulla. E se anche dessi in cibo tutti i miei beni e consegnassi il mio corpo per averne vanto, ma non avessi *l'amicizia*, a nulla mi servirebbe. *L'amicizia* è magnanima, benevola è *l'amicizia*; non è invidiosa, non si vanta, non si gonfia d'orgoglio, non manca di rispetto, non cerca il proprio interesse, non si adira, non tiene conto del male ricevuto, non gode dell'ingiustizia ma si rallegra della verità. Tutto scusa, tutto crede, tutto spera, tutto sopporta. *L'amicizia* non avrà mai fine. Le profezie scompariranno, il dono delle lingue cesserà e la conoscenza svanirà. Infatti, in modo imperfetto noi conosciamo e in modo imperfetto profetizziamo. Ma quando verrà ciò che è perfetto, quello che è imperfetto scomparirà. Quand'ero bambino, parlavo da bambino, pensavo da bambino, ragionavo da bambino. Divenuto uomo, ho eliminato ciò che è da bambino. Adesso noi vediamo in modo confuso, come in uno specchio; allora invece vedremo faccia a faccia. Adesso conosco in modo imperfetto, ma allora conoscerò perfettamente, come anch'io sono conosciuto. Ora dunque rimangono queste tre cose: la fede, la speranza e *l'amicizia*. Ma la più grande di tutte è *l'amicizia*! (1Cor 13)

---

[159] Come emerge dal già citato Gv 15,13.

Questo inno rappresenta la maturazione affettiva nell'amicizia, cioè una vita interamente spesa nella carità: vivere una relazione capace di far prevalere la trascendenza teocentrica e la totalità dell'esperienza relazionale con Dio e con il fratello. È in questo senso che le relazioni amicali divengono occasioni in cui vivere ed esprimere il dono dell'amicizia ricevuta da Dio, ma anche un approfondimento di tale dono.

E anche la preghiera, «in quanto relazione interpersonale, appartiene alla sfera dell'amore: nel peccatore in forma iniziale e imperfetta, mentre nei santi riflette già di luce eterna. Ricordiamo dunque che la preghiera si inserisce in una vita cristiana integrale la cui essenza è la carità»[160], ma che anche la carità si nutre della preghiera, essendo questa un atto d'amore. Dunque, vivere l'amicizia in Cristo significa giungere alla vetta della carità, alla pregustazione della vita divina: espressione massima dell'amicizia tra Dio e l'uomo.

Proprio per questo, credo di poter osare e di poter utilizzare la categoria di virtù teologale anche per l'amicizia: infatti, a partire dalla riflessione nata dalla stesura di questo lavoro, non possiamo immaginare la somma espressione della carità sganciata da tale relazione. L'amicizia vera nasce dal dialogo con Dio e con i fratelli coinvolti, un dialogo condito dalla carità e dalla preghiera.

Questa è la vera amicizia, che si esprime nell'essere, sempre, per Cristo, con Cristo e in Cristo.

---

[160] C.A. BERNARD, *Teologia spirituale*, 448.

CONCLUSIONE

La riflessione svolta attraverso questo lavoro ha offerto l'opportunità di percorrere le delicate soglie dell'affetto umano e della possibile realizzazione del proprio sé. Infatti, indagare l'esperienza spirituale dell'uomo davanti a Dio, e al Dio di Gesù Cristo in modo particolare, alla luce della formazione permanente del presbitero, assume una valenza antropologica notevole, in cui il tessuto dei legami umani e divini conosce un costante intreccio.

Grazie alla sua esperienza personale e al suo trattato, Aelredo di Rievaulx esprime chiaramente quanto affermato dalla recente Esortazione apostolica *Amoris laetitia*: «Solo fissando lo sguardo su Cristo si conosce fino in fondo la verità sui rapporti umani»[161]. Questo accostamento tra il grande abate inglese e l'affermazione del recente magistero dimostra, ancora una volta, tutta l'attualità de *L'amicizia Spirituale* e il vero centro che, da sempre, costituisce il cuore della formazione: vivere le relazioni in modo maturo, *cristico*. In questa conclusione desidero sottolineare, rapidamente, gli aspetti fondamentali che mi pare siano emersi da questo lavoro, e desidero farlo a partire proprio dall'affermazione dell'Esortazione succitata.

Fissare lo sguardo su Cristo significa accoglierlo come *Terzo* nella relazione di amicizia: da questo punto di vista, tanto la vita di Aelredo, quanto le riflessioni teologiche scaturite dal suo trattato, hanno rilevato che la presenza di Cristo, Verbo incarnato, rende qualitativamente migliore le relazioni umane. Anche la formazione permanente non può compiersi senza questo sguardo: così la dossologia dell'amicizia, tracciata nel terzo capitolo, ha voluto sottolineare come non esiste formazione senza Cristo, e dunque nemmeno amicizia senza il costante riferimento al Figlio di Dio[162].

A partire da questa fondamentale acquisizione, si comprende bene come la *verità dei rapporti umani* riguardi, nella nostra riflessione, le intenzioni e motivazioni che guidano il ministero presbiterale. Una vera amicizia, basa-

---

[161] FRANCESCO, *Amoris laetitia*, 77.

[162] «Rimanete in me e io in voi. Come il tralcio non può far frutto da se stesso se non rimane nella vite, così anche voi se non rimanete in me» (Gv 15,4).

ta sullo sguardo di Cristo, è in grado di mettere in risalto i punti di forza e i punti deboli del proprio essere presbitero, e di creare un ambiente formativo in cui i primi si rafforzano e i secondi sono valorizzati.

L'inno all'amicizia, con la quale abbiamo concluso il terzo capitolo di questo lavoro, porta con sé la meta a cui la formazione permanente deve aspirare: rendere i presbiteri uomini in grado di amare fino a *dare la propria vita*. Questo amore, come abbiamo compreso, trova massima espressione nell'amicizia, al punto tale che questa, nella misura in cui formerà la vita dei presbiteri, diventerà annuncio del Vangelo: infatti, se è a partire dall'amore degli uni per gli altri che si potrà essere riconosciuti discepoli di Cristo (cfr. Gv 13,35), questo significa che in un vero rapporto di amicizia non potrà che trasparire la presenza di Cristo stesso.

SIGLE E ABBREVIAZIONI

AA.VV.	Autori vari
AAS	*Acta Apostolicae Sedis*
al.	*alii* (cioè altri)
BS	*Bibliotheca sanctorum*
cap.	capitolo
CEI	CONFERENZA EPISCOPALE ITALIANA
cfr.	confronta
DH	H. DENZINGER – P. HÜNERMANN, *Enchiridion Symbolorum definitionum et declarationum de rebus fidei et morum*
DV	CONCILIO VATICANO II, cost. dogm. *Dei Verbum*
ecc.	eccetera
ed.	curatore/i
EV	*Enchiridion Vaticanum*
GS	CONCILIO VATICANO II, costituzione pastorale *Gaudium et spes*
Ibid.	nello stesso luogo
ID.	stesso autore
PDV	GIOVANNI PAOLO II, Esortazione apostolica *Pastores dabo vobis*
PO	CONCILIO VATICANO II, decreto *Presbyterorum ordinis*
trad.	traduzione

BIBLIOGRAFIA

AELREDO DI RIEVAULX, *Lo specchio della carità*, Siena 1985.

———, *Gesù dodicenne. Preghiera pastorale*, Milano 2001.

———, *L'amicizia Spirituale*, Milano 2004.

———, *Una rugiada luminosa. Sermoni per l'Anno Liturgico*, Teolo (PD) 2014.

AGOSTINO D'IPPONA, *Le confessioni*, Milano 2006[2].

ALONSO SCHÖKEL, L., *Dizionario di ebraico biblico*, Cinisello Balsamo (MI) 2013.

BARBAGLIO, G., ed., *Storia della spiritualità 2. Il Nuovo Testamento*, Bologna 2013.

BERNARD, C.A., *Teologia affettiva*, Cinisello Balsamo (MI) 1985.

———, *Teologia Spirituale*, Cinisello Balsamo (MI) 1989[3].

BIFFI, I., *Tutta la dolcezza della terra. Cristo e i monaci medievali*, Milano 2004.

BONORA, A., ed., *Storia della spiritualità 1. L'Antico Testamento*, Bologna 2013.

CALABRESE, M., «Aelredo», *Bibliotheca Sanctorum*, vol. I, Roma 1961, 276-278.

CAVANI, M., *La carità come amicizia. Psicodinamica di una virtù*, Bologna 2006.

CICERONE MARCO TULLIO, *L'amicizia*, Milano 1985.

CONCILIO ECUMENICO VATICANO II, Decreto *Optatam totius* sulla formazione sacerdotale, 28 ottobre 1965: AAS 58 (1966) 713-727.

———, Costituzione pastorale *Gaudium et spes* su la Chiesa nel mondo contemporaneo, 7 dicembre 1965: AAS 58 (1966) 1025-1120.

———, Decreto *Presbyterorum ordinis* sul ministero e la vita dei presbiteri, 7 dicembre 1965: AAS 58 (1966) 991-1024.

CONGREGAZIONE PER IL CLERO, *Inter Ea.* Istruzione e formazione permanente del clero, 4 novembre 1969: AAS 62 (1970), 123-134.

———, *Direttorio per il ministero e la vita dei presbiteri*, 11 febbraio 2013, Città del Vaticano 2013.

CUCCI, G., *La forza dalla debolezza. Aspetti psicologici della vita spirituale*, Roma 2011.

DE LUBAC, H., *Esegesi medievale. I quattro sensi della Scrittura*, Roma 1972.

DENZINGER, H. - HÜNERMANN, P., ed., *Enchiridion Symbolorum definitionum et declarationum de rebus fidei et morum*, Bologna, 2009[40].

Enchiridion Vaticanum. I. Documenti del Concilio Vaticano II. (1962-1965), Bologna 2002[18].

FRANCESCO, Esortazione apostolica postsinodale sull'amore nella famiglia *Amoris laetitia*, 19 marzo, Città del Vaticano 2016.

GARCÍA, M.H., *La preghiera una storia d'amicizia*, Bologna 2000.

GIOVANNI PAOLO II, Esortazione apostolica postsinodale sulla formazione dei sacerdoti nelle circostanze attuali *Pastores dabo Vobis*, 25 marzo 1992: AAS 84 (1992) 657-804.

GRESHAKE, G., *Essere preti in questo tempo. Teologia – Prassi pastorale – Spiritualità*, Brescia 2008.

GRÜN, A., *Il breve libro dell'amicizia*, Brescia 2004[2].

———, *L'amicizia*, Brescia 2004[3].

GUEULLETTE, J.-M., *L'amitié. Une épiphanie*, Paris 2004.

HERRAIZ GARCIA, M., *La preghiera una storia d'amicizia*, Bologna 2001.

JEANROND, W. G., *Teologia dell'amore*, Brescia 2012.

KASPER, W., *Gesù il Cristo*, Brescia 2013[12].

L'amicizia, Parola, Spirito e Vita 70, Bologna 2014.

LEWIS, C.S., *I quattro amori. Affetto, Amicizia, Eros, Carità*, Milano 2008.

MARIANI, M., *Credo perché prego. Ritratto inedito di Karl Rahner*, Milano 2005.

MENDONÇA, J.T., *Nessun cammino sarà lungo. Per una teologia dell'amicizia*, Milano 2013.

MESSALE ROMANO riformato a norma dei decreti del Concilio Ecumenico Vaticano II e promulgato da Papa Paolo VI, Seconda edizione tipica, 15 agosto 1983, a cura della Conferenza Episcopale Italiana, Libreria Editrice Vaticana, Città del Vaticano 1983[2];

MIGNE, J.-P., ed., *Patrologiae Cursus Completus. Series Latina*, CXCV, Parisiis.

NOUWEN, H.J.M., *I clown di Dio*, Brescia 2009[3].

PIZZOLATO, L., *L'idea di amicizia nel mondo antico classico e cristiano*, Torino 1993.

RAVASI, G., *Che cos'è l'uomo?. Sentimenti e legami umani nella Bibbia*, Cinisello Balsamo (MI) 2011.

RONCHI, E., *I baci non dati*, Milano 2007.

SAN BERNARDO, *Opere di san Bernardo. Lettere 211-548*, vol. VI/2, Roma 1987.

SOVERNIGO, G., *Poter amare. Maturazione sessuale e scelte di vita*, Bologna 2003².

SQUIRE, A., «Aelred par lui-même», in *Collectanea Cisterciensia* 29 (1967), 23-36.

TERESA D'AVILA, *Opere complete*, cur. Luigi Borriello e Giovanna della Croce, Milano 2008³.

UFFICIO DIVINO rinnovato a norma dei decreti del Concilio Vaticano II e promulgato da Paolo VI, *Liturgia delle Ore secondo il rito romano*. Vol. II: *Tempo di Quaresima. Triduo pasquale. Tempo di Pasqua*, 15 dicembre 1989, a cura della Conferenza Episcopale Italiana, Libreria Editrice Vaticana, Città del Vaticano 1989.

WALTER DANIEL, *Vita di Aelredo di Rievaulx*, Milano 2012.

WEIL, S., *L'amicizia pura*, Roma 2013.

WIRZ, M., ed., *L'avventura dell'amicizia*, Magnano (BI).

ZAMBONI, S., *Teologia dell'amicizia*, Bologna 2015.

INDICE GENERALE

Printed by Books on Demand GmbH, Norderstedt / Germany